Pensando e vivendo a orientação profissional

Dados Internacionais de Catalogação na Publicação (CIP)
Câmara Brasileira do Livro, SP, Brasil

Lucchiari, Dulce Helena Penna Soares
 Pensando e vivendo a orientação profissional / Dulce Helena
Penna Soares Lucchiari, Marilú Diez Lisboa, Kleber Prado Filho :
Dulce Helena Penna Soares Lucchiari org. 9. ed. – São Paulo :
Summus, 2017.

 ISBN 978-85-323-0427-8

 1. Interesses vocacionais   2. Orientação vocacional
I. Marilú Diez   II. Prado Filho, Kleber   III. Título

93-0682 CDD-158.6

Índices para catálogo sistemático:
 1. Interesses vocacionais: Psicologia aplicada   158.6
 2. Orientação profissional: Psicologia aplicada   158.6

www.summus.com.br

Compre em lugar de fotocopiar.
Cada real que você dá por um livro recompensa seus autores
e os convida a produzir mais sobre o tema;
incentiva seus editores a encomendar, traduzir e publicar
outras obras sobre o assunto;
e paga aos livreiros por estocar e levar até você livros
para a sua informação e o seu entretenimento.
Cada real que você dá pela fotocópia não autorizada de um livro
financia o crime
e ajuda a matar a produção intelectual de seu país.

Pensando e vivendo a orientação profissional

ORGANIZAÇÃO:
DULCE HELENA PENNA SOARES LUCCHIARI

summus
editorial

PENSANDO E VIVENDO A ORIENTAÇÃO PROFISSIONAL
Copyright© 1992 by autores
Direitos desta edição reservados por Summus Editorial

Capa: **Roberto Strauss**

2ª reimpressão, 2021

Summus Editorial
Departamento editorial
Rua Itapicuru, 613 – 7º andar
05006-000 – São Paulo – SP
Fone: (11) 3872-3322
http://www.summus.com.br
e-mail: summus@summus.com.br
Atendimento ao consumidor

Summus Editorial
Fone: (11) 3865-9890

Vendas por atacado
Fone: (11) 3873-8638
e-mail: vendas@summus.com.br

Impresso no Brasil

SUMÁRIO

Apresentação: Textos e Contextos 7

PARTE I: TEXTOS

1. O que é Orientação Profissional? 11
   Dulce Helena Penna Soares Lucchiari

   Como fazer

2. O psicodrama e a Orientação Profissional 17
   Dulce Helena Penna Soares Lucchiari

3. Planejamento por encontros 22
   Dulce Helena Penna Soares Lucchiari

4. Técnicas de Orientação Profissional 35
   Dulce Helena Penna Soares Lucchiari

   Relato de casos

5. Escolhi ou fui escolhida? 69
   Suzymara Trintinaglia

6. Orientação Profissional: o perfil de uma experiência 79
   Claúdia Genésio da Silva, Cristianne de Sá Carneiro

   Onde fazer

7. Orientação Profissional na escola — segundo grau 85
   Dulce Helena Penna Soares Lucchiari

8. O Serviço de Orientação Profissional da UFSC 90
   Dulce Helena Penna Soares Lucchiari

9. Conscientização para as questões da escolha da profissão:
   uma abordagem integrada 96
   Marilu Diez Lisboa, Desirée Mauro

PARTE II: CONTEXTOS

10. Escolha profissional e atualidade do mercado de trabalho .. 109
    Kleber Prado Filho

11. Subjetividade e trabalho 117
    Maria Chalfin Coutinho

12. Orientação Profissional junto à população 123
    José Luiz Crivelatti de Abreu

13. Notas sobre a criatividade e o exercício de uma profissão .. 128
    Lisete Teresinha Assen de Oliveira

14. A questão do vestibular 134
    Dulce Helena Penna Soares Lucchiari

Posfácio 141
   Silvia Beatriz Gelvan de Veinstein

Apresentação

TEXTOS: Esta coletânea de textos apresenta a Orientação Profissional em suas diversas facetas: *o que é, como fazer, onde fazer.*
É o resultado de dez anos de experiência que desejo dividir com as pessoas que, assim como eu, se preocupam com a questão da escolha da profissão do grande número de jovens que anualmente precisa decidir-se por um trabalho.
A Orientação Profissional é apresentada em sua aplicação, isto é na prática do dia a dia. Apresento as técnicas, o planejamento por encontros e o psicodrama como um referencial teórico e prático possível.
Convidei Suzymara, Cláudia, Cristianne, Marilu e Désirée para relatarem sua experiência prática, individual e em grupos. São textos que nos trazem o lado afetivo da experiência com o adolescente no momento da escolha.
O trabalho de O.P. desenvolvido no Serviço de Orientação Profissional da U.F.S.C. também é apresentado neste livro.

CONTEXTOS: A Orientação Profissional está inserida num contexto maior, que é social, político e econômico e implica uma série de circunstâncias que determinam a sua realização.
A nossa sociedade está sempre em transformação, com crises econômicas e políticas que se sucedem. As profissões já não têm o mesmo perfil que dez ou vinte anos atrás. O texto do professor Kleber nos apresenta uma perspectiva atualizada do mercado de trabalho e suas

implicações na atuação do psicólogo e, em especial, na Orientação Profissional.

A professora Lisete traz a questão da criatividade como um elemento fundamental no desempenho de uma profissão. O conceito de papel profissional e seu desdobramento no exercício da profissão é desenvolvido de maneira clara e objetiva, contribuindo para um melhor entendimento do processo de escolha.

A professora Maria nos relata como a subjetividade do indivíduo vai se construindo por meio das relações de trabalho. Com exemplos, ela demonstra a importância da subjetividade no momento da escolha da profissão.

O professor José Luiz nos traz a possibilidade de um trabalho semi e não institucional de Orientação Profissional ser incluído nas intervenções sociais junto à comunidade. Auxiliar na escolha de um trabalho pode ser considerada uma ação preventiva e de promoção do bem-estar, sendo a comunidade o local ideal para a realização do mesmo.

A questão do vestibular também é importante de ser levada em conta. Sabemos que 80% dos jovens que prestam o exame vestibular para as universidades públicas não ingressam por falta de vagas. Este texto nos mostra a dinâmica que envolve o período do exame e suas conseqüências no nível pessoal, familiar e social.

DULCE HELENA PENNA SOARES LUCCHIARI

PARTE I
TEXTOS

1
O QUE É ORIENTAÇÃO PROFISSIONAL? UMA NOVA PROPOSTA DE ATUAÇÃO*

Dulce Helena Penna Soares Lucchiari

O que é orientação profissional

A escolha de uma profissão é uma necessidade. A cada dia que passa vemos que os jovens têm maior dificuldade para fazer suas opções. Um universo de cursos e novas especializações tem surgido. A tecnologia está presente em todas as áreas, e o fascínio por conhecer coisas novas vai tomando conta do jovem.

O momento da escolha de uma profissão coincide com a fase do desenvolvimento na qual o jovem está se descobrindo novamente. É o nascimento existencial, segundo o existencialismo. É quando o jovem está definindo sua identidade: quem ele quer ser e quem não quer ser. É o momento em que o jovem está buscando conhecer-se melhor, seus gostos, interesses e motivações. É comum os jovens dizerem: "Eu não sei o que faço, pois não gosto de nada em especial"; ou "Eu gosto de tudo, pode?"

Nessa fase começam a aparecer os primeiros confrontos com a família. As expectativas e desejos desta vão aparecendo mais claramente, e o jovem fica confuso, até diferenciá-los dos seus próprios.

Outros valores vivenciados em sociedade surgem como fundamentais para o adolescente, como a preocupação com a natureza, com a ecologia, a humanidade (a fome, a pobreza), a política.

---

* Este trabalho foi apresentado no V EPERGS — Encontro de Psicólogos Escolares do Rio Grande do Sul — Porto Alegre, 1983.

Em meio a esse mundo de descobertas, a pergunta a ser feita é: "Como, apesar de tudo, ele ainda consegue escolher?".

E o adolescente consegue escolher. Ele faz a escolha possível no momento. Sem ter muita consciência das influências que sofre e, principalmente, sem ter informações suficientes sobre a profissão que está escolhendo.

Analisando alguns relatórios de exames vestibulares de universidades públicas, como a UFRGS e a UFSC, constata-se que 25 a 30% dos alunos aprovados anualmente nos vestibulares declaram já ter iniciado antes um curso superior.

Sabe-se também que é elevado o número de alunos que desistem, trocam de curso e solicitam transferências internas. Comparando o número de alunos que ingressam anualmente em cursos superiores, observa-se que 40 a 50% não chegam a concluir seus cursos.

Qual é, então, a tarefa da Orientação Profissional? Ela tem por objetivo facilitar o momento da escolha ao jovem, auxiliando-o a compreender sua situação específica de vida, na qual estão incluídos aspectos pessoais, familiares e sociais. É a partir dessa compreensão que ele terá mais condições de definir qual a melhor escolha — a escolha possível — no seu projeto de vida.

Uma nova proposta: a facilitação da escolha

Facilitar a escolha significa participar auxiliando a pensar, coordenando o processo para que as dificuldades de cada um possam ser formuladas e trabalhadas. Coordenar o processo porque, como profissionais, estamos habilitados para isso. O desenvolvimento do processo dependerá dos grupos, já que eles apresentam características específicas.

Coordenar não significa orientar, pois nós também não conhecemos o melhor caminho. Significa facilitar, para que o próprio jovem descubra quais caminhos pode seguir.

A decisão é do adolescente, e ninguém tem o direito de interferir nela. Esse é um posicionamento filosófico e ético. Parte de uma concepção do homem como ser livre para escolher. Livre dentro de uma situação específica de vida que por si só pode configurar-se como um limite. Não se pode tudo ao mesmo tempo e no momento em que se quer. Pode-se dentro de situações concretas reais e limitadas.

Escolher é decidir, entre uma série de opções, a que parece a melhor naquele momento. Cada escolha feita faz parte de um projeto de vida que vai se realizando. Nossa vida se define pelo futuro que queremos alcançar.

É fundamental, no processo de escolha, ser trabalhada a questão da integração do tempo. Para o jovem definir o que quer vir a ser é preciso estar claro a ele quem foi, quem é e quem será.

"O momento da escolha é quando a gente pode olhar para trás e para a frente ao mesmo tempo decidindo o caminho a seguir." (Soares, 1988.)

Para facilitar a escolha devem ser trabalhados os seguintes aspectos:

A — *Conhecimento de si mesmo*
 • quem sou eu (quem fui, quem sou, quem serei);
 • qual o meu projeto de vida;
 • como me vejo no futuro desempenhando o meu trabalho;
 • expectativas da família X expectativas pessoais;
 • quais são meus principais gostos, interesses e valores.

B — *Conhecimento das profissões*
 • o que são, o que fazem, como fazem, onde fazem;
 • o mundo do trabalho dentro do sistema político-econômico vigente;
 • as possibilidades de atuação — o mercado de trabalho;
 • visita a locais de trabalho, a cursos e laboratórios de pesquisa da universidade;
 • informações sobre currículos;
 • entrevistas com profissionais.

C — *Escolha propriamente dita*
 • a escolha implica:
  decisão pessoal;
  deixar de lado tudo o que não é escolhido;
  fazer acontecer, isto é, viabilizar a escolha.

Como pode ser feito em grupo

O trabalho em grupo tem alcançado melhores resultados na minha prática profissional por vários motivos:

 • é próprio do adolescente o convívio em grupos e turmas. É importante, no momento em que ele está buscando a sua identidade, sentir-se igual aos outros. Para poder se diferenciar no seu grupo familiar, ele precisa sentir-se pertencente a outro grupo;

• há possibilidade de compartilhar sentimentos de dúvida, confusão e insegurança em relação à escolha profissional e ao seu futuro;

• cada participante do grupo é um facilitador, pois a sua possibilidade de entender o outro e poder expressar como o percebe, auxiliam no conhecimento que cada membro busca de si mesmo.

Operacionalização

Tendo clara a postura de trabalho descrita anteriormente, o planejamento e as técnicas a serem utilizadas são apenas recursos auxiliares. Com criatividade, novas propostas e trabalho vão surgindo em cada grupo; muitas vezes o próprio grupo cria recursos técnicos.

Técnicas de dinâmica de grupo, de relaxamento, de recreação, de psicodrama, de sensibilização, de improvisação e teatro podem ser utilizadas, tendo sempre em mente o objetivo que se quer alcançar.

Esse trabalho pode ser feito com um jogo, em que todos sintam prazer em participar, e seja possível existirem o humor, a graça e a brincadeira.

Cada encontro é sempre um momento rico de troca, de reflexão e de conhecimento de si mesmo.

Da minha prática, gostaria de citar as técnicas e procedimento que observo como importantes no desenvolvimento do processo.

Técnica de Apresentação

Após ser feito o aquecimento, período em que o jovem reconhece o ambiente e os colegas, inicia-se a organização de duplas para conversarem. Após cinco minutos, cada um deverá se apresentar como se fosse o outro. A possibilidade de experimentar o papel do outro facilita imaginar-se como o profissional que ele deseja ser e perceber qual seria o seu sentimento nessa situação.

Integração do Tempo

Solicitar que seja representada a história de vida, considerando aspectos do passado, do presente e do futuro. Para isso podem ser utilizadas diversas técnicas com o auxílio de recursos gráficos, de colagem, de expressão corporal.

Técnica R-O

Descrita inicialmente por Bohoslavsky (1981, cap. 4) e adaptada por Soares (1987, p. 98), permite trabalhar de maneira um pouco mais concreta as relações que se estabelecem com as diversas profissões a partir da experiência pessoal de cada um. Surgem estereótipos, preconceitos e fantasias sobre a atuação de cada profissional, sendo trabalhadas e desmistificadas nesse momento.

Role-play

É uma técnica utilizada pelo teatro e pelo psicodrama, e seu nome significa "jogar o papel". Por essa técnica, o jovem pode imaginar uma situação na qual tenha que desempenhar um papel profissional e vivenciá-lo no grupo. Seus colegas participam representando outros papéis definidos pelo protagonista. A partir dessa experiência o jovem tem melhores condições de imaginar-se no futuro desempenhando ou não aquela profissão.

Visitas e Entrevistas

O contato direto com as profissões, seu ambiente de trabalho, sua atuação profissional ou entrevistas com profissionais de diversas áreas permitem ao adolescente ter uma idéia da realidade do mundo ocupacional.

Avaliação do Processo

É importante fazer uma avaliação do processo de Orientação Profissional. Para o adolescente, porque permite que ele veja o seu crescimento pessoal e lhe propicia uma avaliação do grupo em relação a si. Para o coordenador, porque além de ser um *feed-back* em relação a seu trabalho, também permite analisar e compreender todo o processo grupal e o desfecho de cada participante.
 Para um melhor entendimento do processo de Orientação Profissional e suas técnicas específicas, consulte a bibliografia.

Finalizando...

Trabalhar em Orientação Profissional, ou melhor, participar, com adolescentes e coordenadores de grupos, de um momento tão importante e especial da vida dos jovens, que é a escolha de um trabalho, é uma tarefa cheia de prazeres e gratificações. Também é gostosa para os jovens. Ao final do último encontro, muitas vezes eles não querem ir embora e propõem que o grupo continue se encontrando.

Sinto que o mais importante do trabalho é a postura profissional para ouvir o adolescente. Seus sentimentos, problemas, dúvidas e confusões têm muita importância para nós, e por isso estamos ali para escutá-los.

São poucos os lugares em que os jovens são escutados, dizendo aquilo que têm para dizer e não aquilo que os outros querem. Vamos deixá-los falar. Tenho certeza de que eles têm muitas das respostas para os problemas que enfrentamos no dia-a-dia.

Bibliografia

Bohoslavsky, Rodolfo (1977). *Orientação vocacional — A estratégia clínica*, São Paulo, Martins Fontes.

Soares, Dulce H.P. (1987). *O jovem e a escolha profissional*, Porto Alegre, Mercado Aberto.

Soares, Dulce H.P. (1988). *O que é escolha profissional*, São Paulo, Brasiliense.

COMO FAZER

2
O PSICODRAMA E A ORIENTAÇÃO PROFISSIONAL

Dulce Helena Penna Soares Lucchiari

O psicodrama foi criado por Moreno, que era médico e trabalhou inicialmente com o teatro espontâneo. A partir da experiência prática com grupo de atores, ele descobriu a ação terapêutica da dramatização, transformando-se assim o teatro espontâneo em teatro terapêutico e este, em psicodrama. Moreno definiu-o como um método que procura a fundo a verdade através da ação.

O psicodrama pode nos ajudar no trabalho de Orientação Profissional pela compreensão teórica do desenvolvimento da criança até a idade adulta, em especial o adolescente, e pela utilização de suas técnicas específicas.

A Teoria da Matriz de Identidade

Desde o momento do nascimento a criança passa a fazer parte de uma família, na qual uma série de vínculos já existentes se transformam com a sua presença, e novos tipos de relações surgem. No início sua ligação com a mãe é muito forte, a criança se sente como uma continuidade dela, sem se dar conta de que a mãe é outra pessoa. Quando já consegue ver a mãe como um ser à parte, isto é, que a mãe é uma pessoa e ela é outra, dizemos que ela está fazendo o "reconhecimento do eu" e o "reconhecimento do tu" (a mãe). Esse é o momento em que começa a se formar a identidade da pessoa, em que ela passa a definir o seu eu.

Após definir-se como um ser à parte, a criança já está em condições de se relacionar com outras pessoas, uma de cada vez, sem correr o risco de se sentir misturada com elas. É quando a criança diferencia o "melhor amigo" dos demais.

Mais tarde ela passa a observar que o pai e a mãe têm uma relação à parte, da qual ela não participa. Inicialmente ela se sente ameaçada, isto é, que pode perder o carinho da mãe por esta preferir ficar com o pai. Ultrapassada essa fase, ela aceita essa relação da mãe com o pai, e se relaciona com cada um individualmente.

O próximo momento é quando a criança está preparada para relacionar-se com mais pessoas (mais do que três) e passa a entrar em contato com grupos, amigos, escola — é a fase de socialização.

A fase da "inversão de papéis" caracteriza-se por um jogo de papéis. Ela é capaz de colocar-se no lugar da mãe, do pai, do irmãozinho e agir como se fosse um deles, e ao mesmo tempo deixar que alguém tome o seu lugar, isto é, seja ela. Por exemplo, é comum vermos crianças brincando de mamãe e filhinha, onde uma assume o papel de mãe e outra representa a filha.

A inversão de papéis se inicia cedo e se estende por toda a vida. Essa possibilidade de inverter papéis, colocar-se no lugar de outro, leva ao "encontro", que seria o ápice do desenvolvimento humano. O encontro caracteriza-se como um ato de entrega mútua, em que cada pessoa sai com sua identidade reforçada. É o momento mais importante e maduro que pode acontecer no relacionamento entre duas pessoas.

A noção do desenvolvimento do ser humano a partir das relações que ele estabelece desde que nasce, leva-nos a compreender a situação do adolescente como um momento em que ele revive a fase do "reconhecimento do eu". Ele está num momento de transformações, tanto físicas como psicológicas, e ainda está por definir quem realmente quer ser.

O Núcleo do Eu

A fase do reconhecimento do eu corresponde à constituição do Núcleo do Eu, que se forma na vivência dos papéis psicossomáticos que irão delimitar um círculo em três áreas: mente (M), corpo (C) e percepção do ambiente (A) (ver representação gráfica, na página seguinte).

A área mente é responsável pelo pensar, pelos processos mentais. A área corpo é responsável pelo sentir, pelas emoções, sensações e sentimentos. A área percepção do ambiente é como o jovem percebe o ambiente a partir de suas áreas mente e corpo.

Segundo Içami Tiba, com a chegada da puberdade, o Núcleo do Eu pode sofrer alterações qualitativas e quantitativas. Nessa fase iniciam-se as transformações físicas (características sexuais secundárias), como também se desenvolve o pensamento abstrato. Então, com um novo corpo e uma nova forma de pensar, o jovem passa a ver o ambiente de maneira diversa. É quando constatamos os questionamentos dos valores (aceitos pela família e a sociedade), das instituições (família, escola), das ideologias, etc. Nesse sentido podemos dizer que há um redimensionamento no Núcleo do Eu.

NÚCLEO DO EU

NÚCLEO DO EU
adolescente

A partir desse entendimento podemos compreender a importância de se facilitar ao jovem o acesso mais fácil ao seu reconhecimento do eu, permitindo que ele venha a integrar as várias dimensões do seu núcleo do eu, formando assim a sua identidade pessoal e profissional.

A Teoria dos Papéis

Outra contribuição importante do psicodrama é a questão da escolha profissional e a Teoria dos Papéis. O papel pode ser entendido como a parte do eu que aparece. Se quisermos definir o eu de um modo experimental, devemos recorrer aos papéis que ele desempenha.

Às vezes, um indivíduo pode escolher o seu papel, outras vezes tem que aceitar o que lhe é imposto. A sociedade exige uma conduta de acordo com esses papéis, podendo-se externamente definir o homem como um intérprete de papéis.

Os primeiros papéis estão ligados às necessidades fisiológicas indispensáveis de comer, dormir, defecar, urinar, etc., e são chamados de papéis psicossomáticos. São responsáveis pelo estabelecimento da relação entre o ambiente e o indivíduo, e sobre eles é que vai se desenvolver o eu.

Quando a criança consegue fazer a ruptura entre a fantasia e a realidade, cria-se uma distinção entre o que é real e o que é imaginado, surgindo dois novos tipos de papéis: os sociais e os psicodramáticos.

Os papéis sociais correspondem às funções assumidas pelo indivíduo na sociedade, por intermédio dos quais ele se relaciona com seu meio social. Por exemplo: pai, amigo, irmão.

Os papéis sociais fazem parte da estrutura social mais ampla, e dependem dela para existir. Necessitam sempre de seu complementar: só existirá o professor se houver o aluno, e assim acontece com todos os papéis: médico-doente, patrão-empregado, pai-filho, etc.

Existem papéis socialmente mais valorizados, como médico, advogado, engenheiro, que aparecem diferencialmente de outros, como empregado, operário. Alguns papéis ocupacionais já têm seu *status* condicionado socialmente, outros precisam demonstrá-lo para que sejam reconhecidos.

Os papéis psicodramáticos surgem da atividade criadora do indivíduo. Envolvem tanto os papéis preexistentes como aqueles da fantasia, e sua característica principal é a criatividade imprimida pela pessoa que está desempenhando. São trabalhados nos grupos de orientação profissional, quando se monta uma cena onde os diversos profissionais podem estar envolvidos. Cada um representa o papel do profissional que imaginariamente tem dentro de si.

O desenvolvimento de um papel passa por três fases. Exemplifiquemos com a profissão de dentista. Inicialmente é necessário o preparo inespecífico, que compreende todo o período de escolarização até a entrada na universidade.

A primeira fase é o preparo específico, quando o jovem assume a escolha do papel de dentista. Denomina-se *role-taking*, que significa "tomar para si o papel".

A segunda é quando o jovem está apto a iniciar os atendimentos e estágios profissionalizantes, quando ele experimenta o papel propriamente dito. É chamada de *role-playing*: jogar, vivenciar o papel. Geralmente caracteriza-se por uma imitação dos modelos conhecidos.

A terceira fase é quando a pessoa já consegue enfrentar e superar as dificuldades da profissão com espontaneidade. Recebe o nome de *role-creating*, que significa poder criar, inventar e descobrir soluções novas para as situações que enfrenta no desempenho do papel.

Essa abordagem é fundamental para o trabalho com adolescentes no momento da escolha profissional. Quando o jovem pode experimentar, a partir do desempenho dos diversos papéis profissionais, quais são aqueles em que se sente melhor ou lhe trazem satisfação, terá condições de escolher com maior segurança.

A Prática do Psicodrama

Analisemos o exemplo de um jovem que está em dúvida entre ser professor ou jornalista. Se ele estiver participando de um grupo de orientação profissional, terá a oportunidade de experimentar os dois papéis antes de fazer sua escolha.

O trabalho poderia se desenvolver do seguinte modo: pede-se a ele que monte no cenário (local onde vai se desenvolver o trabalho) uma cena em que possa vivenciar o papel de professor, recorrendo aos outros colegas do grupo e empregando objetos disponíveis na sala. Funciona o princípio do "como se" psicodramático: as pessoas dramatizam como se fossem os personagens cujas ações são escolhidas pelo jovem em questão. Uns podem ser alunos, outros, professores, pode haver o diretor e o supervisor. Uma almofada pode transformar-se na mesa ou no quadro-negro.

O jovem é quem define a cena e passa a representá-la. Nesse desempenho, pede-se a ele que vá percebendo os seus sentimentos em relação a esse papel. Pode-se também solicitar que ele troque de papel (inversão de papéis) com um aluno e perceba como o parceiro está vendo o professor. A partir daí muitas cenas poderão surgir, outros jovens poderão desempenhar também seus papéis que estão em conflito, criando-se situações em que várias pessoas podem de alguma forma trabalhar a sua dificuldade.

A cena pode evoluir para uma greve de professores, onde novos papéis surgirão: um jornalista que vem entrevistar os professores sobre o movimento grevista. Neste caso o jovem pode experimentar os seus dois papéis, e numa mesma cena confrontá-los, permitindo, com isso, perceber onde sentiu-se melhor, em que lugar ele prefere estar.

Concluída a cena, vem o momento dos comentários, quando cada elemento do grupo relata como se sentiu nos papéis que desempenhou, o que isso tem a ver com o seu momento de escolha ou com uma vivência sua que possa ser compartilhada com os colegas.

Através das dramatizações dos diversos papéis profissionais, o jovem estará em melhores condições de se conhecer cada vez mais, podendo então fazer o seu re-reconhecimento do eu e assim definir melhor quem ele quer vir a ser.

3
PLANEJAMENTO POR ENCONTROS

Dulce Helena Penna Soares Lucchiari

Introdução

A história deste trabalho está ligada às oportunidades que foram surgindo em minha vida profissional.

Num primeiro momento, quando fui chamada a trabalhar no COESP (Centro de Orientação e Seleção Psicotécnica da UFRGS), senti a necessidade de criar uma estratégia de Orientação Profissional que levasse em consideração a possibilidade de esta ser feita em grupo. Pesquisando, encontrei nas obras de Bohoslavsky, Pelletier e Zaslavsky o referencial teórico e prático que estava buscando.

Atualmente, como professora da disciplina Seleção e Orientação Profissional (no curso de Psicologia) e Orientação Vocacional (no curso de Pedagogia) na UFSC, estou repensando o que até então venho fazendo, a fim de elaborar com maior embasamento uma estratégia que venha ao encontro das reais necessidades dos jovens que nos procuram.

O relato que se segue foi apresentado como um capítulo de minha proposta de dissertação de mestrado em Educação na UFSC em 1983, e não havia sido publicada até o momento.

O Processo de Orientação Profissional

O processo de Orientação Profissional está estruturado para realizar-se em sete encontros de aproximadamente duas horas, com grupo de oito pessoas, um coordenador e um observador participante.

Os objetivos e técnicas para cada encontro serão detalhadamente descritos a seguir.

Solicita-se no final de cada encontro que seja realizada uma tarefa em casa, por três motivos:

• levar o jovem a continuar o processo de Orientação Profissional em casa, sentindo-se mobilizado, mesmo quando está fora do espaço-grupo;
• aproveitar melhor o tempo em que o grupo está reunido, trabalhando dados trazidos de casa;
• motivar o jovem a conhecer a realidade e vivenciar algumas experiências que serão fundamentais no seu momento de escolha.

Esse planejamento constitui uma proposta inicial para cada encontro com objetivos que, de certa forma, se identificam nas diversas técnicas.

Entretanto, o desenrolar dos encontros é específico do grupo, e poderá ser alterado conforme as necessidades que eventualmente surjam. Propõe-se essa programação básica com a consciência de que ela irá ocorrer a partir da ação e nela se baseará para sua continuidade, matizando assim criativamente cada experiência realizada.

Objetivos

Objetivo geral

• assistir ao jovem na solução das dificuldades que enfrenta ao encarar a escolha de sua profissão.

Objetivos específicos

• levar o jovem a pensar sobre a sua escolha profissional, relacionando-a com sua história pessoal de vida e como fruto de um processo de desenvolvimento pessoal;
• auxiliar o jovem a refletir sobre a importância do trabalho, sua função na sociedade, motivação para realizá-lo e a satisfação que ele pode trazer;
• oferecer maiores informações sobre as profissões, as universidades e o mercado de trabalho;
• possibilitar uma discussão sobre as oportunidades de profissionalização oferecidas pela sociedade, e sobre a universidade — o que espera dela e o que realmente ela oferece;

• permitir que o jovem expresse seus sentimentos em relação ao vestibular, seu aspecto seletivo e as expectativas da sociedade e da família em relação a ele.

Objetivos e Técnicas de Cada Encontro

Primeiro Encontro

Objetivos

• fazer os membros do grupo se conhecerem rapidamente, num ambiente descontraído para melhor integração;
• levantar as expectativas do grupo em relação ao processo de Orientação Profissional;
• estabelecer o contrato de trabalho, deixando claro que o jovem é responsável por sua decisão que, não necessariamente, deve ser concluída no final da orientação.

Técnicas

ADIVINHANDO QUEM É QUEM
O coordenador lê em voz alta a lista dos nomes das pessoas que fazem parte do grupo, inclusive o seu e do observador. Solicita que cada pessoa tente adivinhar e relacionar os nomes às pessoas. Os critérios utilizados são escolhidos por cada um. Ao final, cada participante apresenta-se ao grupo falando de suas coisas importantes e relatando como se sentiu durante as adivinhações.

Essa técnica pode proporcionar a projeção de situações passadas vivenciadas com pessoas significativas que por alguma razão se relacionam com o momento presente. Por outro lado, já se forma uma primeira impressão do grupo. Os coordenadores também participam, emitindo suas opiniões e sentimentos.

EXPECTATIVAS
Distribuindo ao grupo cartolina, revistas, tesouras e cola, solicita-se que cada um faça uma colagem que represente a sua expectativa em relação ao processo de Orientação Profissional.

Essa técnica pretende levantar os motivos, manifestos e latentes, que levaram os jovens a procurar a Orientação Profissional. Visa também avaliar o que eles conhecem, a fim de desmanchar estereótipos e idéias errôneas, bem como levantar suas fantasias de resolução, isto é, como imaginam resolver a situação de decisão.

ESTABELECIMENTO DO CONTRATO

Discutidas as motivações para a OP, colocam-se os objetivos do trabalho e suas etapas, deixando clara a posição do jovem como responsável por sua decisão. Esclarecidas as dúvidas e havendo concordância, firma-se então o "contrato", que significa um compromisso aceito e uma disposição a ser cumprida.

O contrato consta dos seguintes itens:

- número de encontros: oito;
- duração de cada encontro: duas horas;
- horário: 14 horas;
- dias: terças e quintas-feiras;
- meses: abril e maio.

Nesse momento é colocado o caráter científico da experiência, explicando-lhes os objetivos. Solicita-se a permissão do grupo para serem gravadas as entrevistas, com o compromisso de nossa parte de manter o sigilo e colocar pseudônimos no relato do trabalho.

Tarefa para casa

Fazer uma listagem de coisas que gosta e que não gosta de fazer.

Segundo Encontro

Objetivos

• aprofundar o conhecimento mútuo e de si mesmo, fortalecendo o processo de integração e o comprometimento com o grupo e com a tarefa;
• perceber características e interesses pessoais;
• propiciar uma primeira reflexão sobre as profissões e as habilidades específicas requeridas por elas.

Técnica

O coordenador fala durante alguns minutos sobre a importância, para o conhecimento de si mesmo, da integração de todas as etapas da vida pessoal, isto é, do passado, do presente e do futuro.

1. AUTOBIOGRAFIA

Primeiro momento: individual. Pede-se que cada um redija uma autobiografia a partir da proposição "porque estou aqui, agora" — destacando aspectos significativos do desenvolvimento profissional desde a infância.

Segundo momento: em pares. Conversar em duplas; cada um apresenta sua redação ao colega e faz alguns comentários.

Terceiro momento: grupo. Relato da experiência vivida, enfatizando-se a percepção que cada um teve do colega, ressaltando os pontos comuns e diferentes.

2. Comentários sobre a tarefa de casa, enfocando-se não só o produto, mas todo o processo de produção da lista. Relato dos sentimentos despertados e das dificuldades encontradas para realizar a tarefa.

3. O coordenador propõe ampliar a discussão anterior nos seguintes itens:

- interesses e habilidades pessoais;
- vida diária — como é a sua rotina;
- lazer — como ocupa o seu tempo livre;
- vida escolar — experiências marcantes;
- prazer no estudo.

Esse debate visa reconhecer habilidades, interesses, disciplinas preferidas, relacionando-se com prováveis profissões afins. Pretende-se também conhecer a vida escolar do jovem, suas dificuldades e vivências positivas.

Tarefa para casa

Preencher as "Frases para completar". Essas frases foram retiradas da obra de Bohoslavsky, sendo algumas acrescentadas pela autora como fruto de suas experiências com grupos.

Terceiro Encontro

Objetivos

- analisar a situação de cada membro quanto à sua maturidade para escolher;
- conhecer a estrutura familiar dos membros do grupo e sua influência sobre a decisão de cada um;
- refletir sobre a importância do trabalho na vida das pessoas, e suas implicações sociais.

Técnicas

Esse encontro começa com a discussão das frases que foram completadas em casa. A ordem de apresentação varia conforme o clima do grupo. Estimula-se que todos falem.

Muitas idéias sugeridas pelas frases já foram discutidas anteriormente. Nesse caso completa-se onde for necessário ou passa-se para outra frase. Os itens que serão vistos com mais detalhes são os seguintes:

1. ESCOLHAS PASSADAS
   - como foram feitas;
   - influências;
   - na dúvida, procura ajuda (?);
   - como se sente escolhendo;
   - escolhas importantes realizadas;
   - participação da família nas escolhas.

Esse item tem por objetivo saber como o jovem costuma escolher, questioná-lo quanto à sua maneira, procurando relacioná-la com a escolha da profissão e sua importância para a vida futura.

2. FAMÍLIA
   - profissões dos pais, irmãos e avós;
   - expectativa dos pais;
   - realização X frustração dos pais;
   - o que os pais gostariam de ter feito e não fizeram;
   - ordem de nascimento na família;
   - profissões de tios e pessoas amigas;
   - influência da família na escolha profissional.

Este item é considerado um dos mais importantes pela autora. Nele se configura toda a dinâmica familiar, cuja influência está sempre presente; algumas vezes o jovem está consciente delas, mas na maioria das vezes não, sendo necessária a tomada de consciência, conforme a sua capacidade de entendimento.

3. TRABALHO
   - importância pessoal e social;

- prazer em realizá-lo;
- tempo de vida gasto;
- oportunidades X desemprego;
- determinantes sociais;
- ascensão social X divisão de classes.

Este item pretende questionar as implicações sociais do trabalho, bem como a dimensão pessoal da sua realização.

Tarefa

Fazer uma lista de profissões universitárias, de profissões técnicas e sem requisito. Procurar algumas informações sobre elas.

Entrevistar pessoas idosas e pedir que elas mencionem profissões que existiam e que hoje não existem mais ou que estão desaparecendo, e por que isso está ocorrendo.

Quarto Encontro

Objetivos

• permitir um contato com o maior número possível de profissões, despertando o interesse por aquelas até então desconhecidas;
• ter uma visão global das profissões em seus diversos campos de conhecimento, bem como as relações de afinidade entre as que pertençam a um mesmo grupo;
• esclarecer sobre as semelhanças e diferenças entre as profissões quanto a fatores como clientela, local de trabalho, horário de trabalho, condições ambientais, etc.

Técnicas

No início do grupo, comenta-se sobre a realização da tarefa proposta, os dados que obtiveram nas entrevistas.

Logo após divide-se o grupo em dois, sendo cada um dirigido por um coordenador. Para cada grupo distribuem-se pequenos cartões em branco e caneta hidrocor.

Solicita-se que o grupo escolha, das profissões que trouxeram na lista, aquelas que gostariam de indicar nos cartões. Os critérios são definidos pelo próprio grupo. As seguintes questões devem ser comentadas a respeito de cada profissão: O que é? O que faz? Quais as características pessoais do profissional?

Depois que os grupos indicaram todas as profissões escolhidas nos cartões, solicita-se que se reúnam por semelhança, isto é, aqueles que têm algo em comum devem fazer parte de um mesmo conjunto. O coordenador estimula a troca de idéias, questiona os agrupamentos até haver justificativas consensuais referentes às combinações feitas.

Logo após propõe-se que os grupos mencionem os agrupamentos de profissões. Os nomes não precisam ser necessariamente técnicos, mas devem representar de alguma forma o conjunto de ocupações.

Quando os dois grupos tiverem encerrado essa etapa, cada um apresenta o seu trabalho para os colegas, que farão todas as perguntas necessárias para seu entendimento. A função dos coordenadores é estimular o debate e fornecer informações adequadas sobre questões que estejam muito imbuídas de preconceitos e estereótipos.

No final solicita-se que cada participante tente identificar-se com um grupo de profissões e escreva numa folha de papel aquelas que lhe despertaram maior interesse.

Distribui-se a cada participante uma folha de papel com diversas atividades (Zaslavsky, 1979), tarefa a ser realizada individualmente, para posterior discussão em grupo.

Marcar com um X as atividades que gostaria de realizar, e relacionar todas as profissões que incluem as atividades assinaladas.

Tarefa

Entrevistar profissionais escolhidos no trabalho anterior, visitar locais de trabalho e observar as pessoas exercendo suas atividades rotineiras.

Quinto Encontro

Objetivos

•trabalhar vínculos afetivos que são estabelecidos com as diversas profissões, fazendo com que o jovem apresente uma descrição de suas imagens a respeito das diferentes ocupações;

•assinalar preconceitos, estereótipos e fantasias que surgirem em relação às profissões, estimulando um compromisso pessoal do jovem no sentido de manifestar "o que as ocupações são para mim";

• aprofundar o conhecimento sobre cada uma das profissões, bem como levar o adolescente a ter consciência de que seus gostos, interesses, simpatias e antipatias em relação a elas influem na sua percepção do mundo ocupacional.

Técnicas

Inicia-se com comentários gerais sobre a tarefa realizada em casa, como se sentiram ao fazê-la e que dados novos obtiveram.

Logo após utiliza-se a técnica R-O, com emprego clínico — conforme descrição de Bohoslavsky (1981, pp. 167 e segs.). Os subgrupos do encontro anterior permanecem os mesmos.

1. Apresentam-se os cartões feitos no encontro anterior, explicando que cada cartão representa uma pessoa. Solicita-se que cada jovem estabeleça relações entre diversas "pessoas" como se se tratasse de definir quais são as famílias a que pertencem. Pede-se que "batizem" cada família, dando-lhes nomes e sobrenomes. Logo após, cada um apresenta sua família aos demais, descrevendo, por exemplo, o que fazem, onde vivem, como vivem, o que aspiram, a que se dedicam, etc.

2. Pede-se que cada grupo imagine que está organizando uma festa, para a qual não pode convidar todas as pessoas. Eles devem relacionar as pessoas que convidariam com certeza, as que não convidariam e as que ficariam em dúvida entre convidar ou não. Para cada pessoa devem ser explicados os motivos do enquadramento em cada uma das listagens.

3. Cada grupo apresenta sua listagem para os colegas, ampliando-se assim a lista de convidados. Solicita-se que imaginem uma conversa entre as várias pessoas convidadas. Para isso propõe-se uma dramatização da situação da festa, em que todos participam e podem assumir qualquer profissional, desde que seja um de cada vez. Para identificar-se, segura à sua frente o cartão com o nome do profissional, enquanto conversa. As entrevistas e visitas a locais aparecem nas "falas" dos personagens.

Tarefa

Escolher, dentre as profissões que despertaram maior interesse, cinco para serem estudadas em maior profundidade, seguindo sugestões do roteiro que será distribuído (Zaslavsky, 1979, p. 79).

Sexto Encontro

Objetivos

• auxiliar o jovem a vivenciar profissões no contexto dramático, analisando as experiências de cada um;
• levar o jovem a expressar seus sentimentos e expectativas em relação ao vestibular e suas fantasias e idealizações a respeito da universidade;
• comentar a realidade da universidade, a importância do vestibular e as implicações da política educacional do país em toda essa situação.

Técnicas

Inicialmente, cada participante do grupo relata a sua experiência no estudo das ocupações.

1. Um protagonista é escolhido para dramatizar uma situação de trabalho, outros são chamados para completar a cena. O coordenador dirige o exercício e o observador exerce o papel de ego auxiliar, trazendo situações de "imprevisto" para observar as reações dos personagens. Ao finalizar a cena, outros protagonistas são escolhidos e outras cenas são montadas.

2. Solicitar que cada jovem responda por escrito às seguintes perguntas:

• Como estou me sentindo em relação ao vestibular?
• O que os meus pais esperam de mim?
• A sociedade, de que maneira está presente em mim?
• O que espero da universidade?
• Na minha opinião, qual a verdadeira função da universidade?
• Existe realmente a necessidade de cursar uma faculdade?
• Que outras formas de profissionalização são possíveis?

3. Pede-se que comentem em duplas as respostas dadas a cada pergunta, e, logo após, as questões principais são trazidas para o grupo todo discutir amplamente.

Tarefa

Visitar os cursos que dão a formação nas profissões selecionadas, e entrevistar professores e estudantes a respeito do conteúdo, da vivência dos cursos e da função da sua profissão na sociedade.

Sétimo Encontro

Objetivos

• aprofundar as vivências das profissões na medida em que mais dados reais sobre elas forem obtidos;
• avaliar o trabalho desenvolvido nos aspectos de crescimento pessoal e grupal, comparando com as expectativas do início do processo.

Técnicas

O coordenador propõe que cada um dramatize o que pareceu mais significativo no contato com os estudantes e professores. As cenas devem ser "relâmpago", para permitir que todos participem. Podem ser representadas também por mímica ou material concreto.

O coordenador pede que cada um faça uma colagem que reflita uma avaliação pessoal do processo de Orientação Profissional, demonstrando o seu crescimento pessoal e do grupo. O material usado será cartolina, revistas, jornais, tesoura e cola.

Logo após são distribuídas as colagens realizadas no primeiro encontro, e comenta-se sobre a evolução do processo em cada uma das pessoas.

Tarefa

Preencher a ficha de auto-avaliação, explicando que ela faz parte do processo de avaliação de estudo do qual eles estão participando.

Fazer uma redação — "Quem sou eu? Eu sou..." (profissão escolhida). Sugere-se que se imaginem no futuro desempenhando essa profissão e relatem sua vida diária, como se sentem realizando as atividades, seus momentos de alegria e satisfação, seus momentos de cansaço e tristeza, etc.

Oitavo Encontro: Entrevista Individual

Objetivos

• auxiliar o jovem a imaginar-se no futuro, por um planejamento dos passos que deverão ser dados para que ele o alcance;

- esclarecer situações individuais que estejam interferindo na escolha e que, por alguma razão, não foram trazidas para discussão no grupo;
- avaliação pessoal e do processo de Orientação Profissional.

Técnicas

A técnica será a de entrevista semidirigida.

1. Inicialmente trabalha-se com o jovem a redação feita, os sentimentos que foram despertados ao fazê-la, suas dificuldades. Se não trouxer a redação, descobrir o porquê, se isso está relacionado com alguma dificuldade de projetar-se no futuro.

A realização da redação leva o jovem a projetar-se no futuro, a imaginar-se como quer vir a ser e em que medida a profissão que está escolhendo vai proporcionar o que ele espera.

Procura-se observar sua capacidade de projetar-se no futuro de maneira mais próxima da realidade, e, se isso não é possível, analisa-se com ele sua falta de condições, isto é, amadurecimento psicológico para tomar uma decisão no momento. Discutem-se os possíveis caminhos a serem seguidos para sua concretização efetiva e consciente.

2. O entrevistador comenta sobre alguns aspectos que acredita estarem influenciando no processo de escolha do jovem, e propõe que se aprofunde a discussão. O jovem também traz elementos novos que não foram colocados no grupo.

3. Analisa-se com o jovem a avaliação feita anteriormente, comentando os aspectos mais marcantes para ele e aceitando críticas e sugestões para os próximos trabalhos.

Observação

Se for preciso, pode-se realizar mais de uma entrevista individual, desde que o jovem sinta necessidade.

Bibliografia

Bohoslavsky, Rodolfo (1981). *Orientação vocacional — a estratégia clínica*, Martins Fontes, São Paulo.
Boholavsky, Rodolfo (1983). *Orientação vocacional — Teoria, técnica e ideologia*, Cortez, São Paulo.

Pelletier, Denis, *et al.* (1980). *Desenvolvimento vocacional e crescimento pessoal*, Vozes, São Paulo.

Zaslavsky, Irene *et al.* (1979). *Orientação vocacional, uma experiência em processo*, Rio de Janeiro, Eldorado.

4
TÉCNICAS DE ORIENTAÇÃO PROFISSIONAL

Dulce Helena Penna Soares Lucchiari

Este capítulo apresenta diversas técnicas utilizadas nos grupos de Orientação Profissional. Algumas foram criadas por mim junto com meus alunos do curso de Psicologia, durante as supervisões, para atenderem necessidades específicas de cada grupo, e acabaram incorporando-se ao trabalho. Outras encontram-se relatadas na bibliografia existente, e foram de algum modo adaptadas às características pessoais dos coordenadores e dos nossos grupos.

Muitas ainda são jogos infantis ou de recreação, que também dão ótimos resultados. Utilizo ainda o psicodrama e a dinâmica de grupo como fontes de inspiração.

O objetivo principal deste capítulo é fornecer ao leitor alternativas para planejar o seu grupo de Orientação Profissional, e, a partir de suas necessidades e criatividade, poder criar algo novo.

Técnicas de Aquecimento e Triagem

Técnica de entrevista de triagem

Objetivos
Conhecer a pessoa e avaliar a necessidade da Orientação Profissional.
Levantar as expectativas em relação à OP e esclarecer como será o trabalho.

Encaminhar para outro tipo de atendimento, quando necessário.

Consigna

Solicitar que a pessoa fale sobre si, suas expectativas em relação à OP e sua escolha profissional. Se já participou de algum trabalho parecido, o que sabe sobre ele e quem indicou. Como seus pais vêem a sua escolha, o que eles gostariam de ter feito profissionalmente e o que estão fazendo.

Comentários

A entrevista é de caráter exploratório, e permite ter uma idéia geral de cada participante do grupo. Deve-se, ao final, poder responder: quem é esta pessoa e por que está difícil para ela escolher neste momento?

Técnica: Aquecimento — Caminhar Profissional

Objetivo

Aquecer para o trabalho posterior em grupo.

Aquecer para o tema das profissões, permitindo que tomem contato com sua percepção de cada profissão.

Consigna

Solicitar que todos se levantem. Que mexam cada uma das partes do corpo, começando pelos pés, pernas, quadris, tronco, braços, até chegar ao pescoço e à cabeça. Solicitar que constatem se há alguma parte do corpo que esteja doendo e massageie essa parte.

Pedir que todos comecem a caminhar imaginando-se um médico, por exemplo, que está andando dentro de um hospital, dirigindo-se para a sala de cirurgia. Depois imaginar-se um jornalista que vai fazer a cobertura da chegada de um candidato às próximas eleições. Depois, uma professora primária que está indo para a sala de aula onde seus alunos já estão quase todos lendo, um lixeiro recolhendo o lixo na rua, e assim sucessivamente para as várias profissões.

Comentários

O coordenador deve ficar atento às expressões corporais, ao que aparece de comum e de diferente em determinadas profissões. Nos comentários geralmente surge a questão de que não existe um jeito diferente de caminhar para cada profissão, mas se formos observar bem, por que tantos alunos caminham de determinada forma quando representam determinado profissional? Essa discussão pode evoluir para questões mais profundas, como estereótipos, *status*, condições de trabalho, etc.

Técnica de Aquecimento (LABAN)

Objetivo

Trabalhar com a consciência corporal, auxiliando na integração do grupo.

Consigna

Solicitar que todos fiquem em pé e atendam às instruções do coordenador:

• bater no corpo, com tapinhas, começando pelos braços, pernas, cabeça, pescoço e o corpo todo;

• escolher um colega e, em dupla, um vir batendo com tapinhas no outro, tocando as partes mais difíceis de serem tocadas pela própria pessoa, as costas, por exemplo;

• espreguiçar e começar a caminhar olhando e seguindo um ponto fixamente, em linha reta;

• escolher uma pessoa para realizar determinada tarefa.

Comentários

Este exercício auxilia a pessoa a entrar em contato, primeiro consigo mesma, depois com o outro e, finalmente, com o grupo; por isso é importante como iniciador de um trabalho grupal. Geralmente o grupo gosta e se sente mais integrado para começar um trabalho mais específico.

Técnica de Aquecimento (maior/menor)

Objetivos

Trabalhar corporalmente a relação do corpo com o espaço em diferentes posições.

Auxiliar na concentração para realização de uma tarefa posterior.

Consigna

Solicitar que todos se deitem da maneira mais cômoda possível, de preferência com as costas para o chão. O coordenador dirige a respiração, para que esta seja lenta e profunda, podendo contar tempo para a inspiração, retenção e expiração. Depois solicita que cada pessoa tente ocupar o menor espaço possível com o seu corpo e preste atenção às suas sensações. Num segundo momento, cada um deve ocupar o maior espaço possível com o corpo. Volta-se à respiração lenta e profunda e comenta-se o exercício.

Comentários

O grupo comenta a diferença de sensação em cada posição e relaciona com outras situações de sua vida. Ocupando o menor espaço pode sentir-se mais seguro, mas também mais oprimido para escolher uma profissão. Ao ocupar o maior espaço, sente-se livre para escolher uma profissão segundo o seu desejo.

Técnica de aquecimento: modos diferentes de andar

Objetivos

Descontrair o grupo para o trabalho posterior.
Trabalhar corporalmente a integração do grupo.

Consigna

Solicitar que o grupo fique de pé e ande pela sala seguindo a orientação do coordenador:

• andar pulando numa perna só, para trás, sobre um obstáculo, seguindo uma pessoa, cantando;

• andar com uma alteração física: mancando, com dor de dente, com olho roxo, tropeçando, atrapalhado;

• andar distribuindo coisas: folhetos, flores, mapas do tesouro, surpresas, planos secretos, presentes;

• andar sobre superfícies e texturas como: água, barro, asfalto, vidro, veludo, quente, frio, areia, espuma, algodão, pedra, grama, tapete peludo, espinhos, madeira, cola, riacho, morro, grama, mar, etc.

• andar cumprimentando pessoas: assobiando, com um tapa nas costas, beijando, dando a mão, sorrindo, piscando, mostrando a língua, fazendo careta, efusivamente, escapulindo, uma pessoa conhecida, um amigo que não vê há muito tempo, uma pessoa de quem gosta muito.

Comentários

Esta técnica pode ser utilizada no primeiro dia, e termina solicitando-se que os participantes escolham com os olhos uma pessoa com a qual deseja conversar, partindo daí para uma técnica de apresentação. Após o exercício o grupo se sente mais descontraído para iniciar o trabalho de OP.

Técnicas de Apresentação

Técnica de Apresentação

Objetivos

Tornar os membros do grupo conhecidos de forma diferente e dinâmica.

Consigna I

Escreve-se o nome de cada participante em um papelzinho. Os papéis são dobrados em seguida. Os membros do grupo devem sortear um papel e conversar com a pessoa que foi sorteada. Depois, cada componente apresentará para o grupo a pessoa com a qual conversou.

Consigna II

Pedir que todos andem pela sala de diversas maneiras (ver técnica de aquecimento — modos diferentes de andar). Enquanto isso, o coordenador coloca sobre as almofadas o nome de cada participante do grupo. Ao final, cada um escolhe uma almofada e conversa com a pessoa que tiver seu nome escrito sobre ela.

Consigna III

Para grupos inibidos e com dificuldade de se soltar, o coordenador usa uma almofada ou outro objeto que possa ser atirado. Atira a almofada para o primeiro participante que deverá se apresentar; este escolhe um companheiro e lhe atira a almofada, e assim sucessivamente.

Comentários

Essas diversas formas são recursos que podem ser utilizados para dinamizar a apresentação. Mas podem ser utilizadas também em outras situações, como, por exemplo, para apresentação de uma tarefa feita em casa.

Técnica de Apresentação (peças da casa)

Objetivos

Tornar os membros do grupo conhecidos de forma descontraída.

Permitir que as pessoas se expressem de forma diferente do habitual.

Consigna

Solicitar que todos encontrem uma posição confortável e se preparem para uma viagem. O coordenador dirige a viagem pelo interior de uma casa. Solicita que todos se imaginem sendo a sala da casa e digam como se sentem, como é a sala, o que acontece nela, o que as pessoas vão fazer lá. Depois, que se imaginem sendo um quarto, de quem é, como é essa pessoa, o que ela faz, como se sente neste lugar. E assim sucessivamente, passando por todos os cômodos da casa, incluindo a cozinha, o banheiro, a sala de estar, a biblioteca, a varanda, o jardim e a área de serviço. Pede-se então que cada um escolha o cômodo que mais gostou de ser e fique um tempo nele. Esclarece-se que a viagem está no final e cada um deverá se apresentar ao grupo como se fosse o cômodo da casa que escolheu ser.

Comentários

Os jovens geralmente se entusiasmam com esse exercício, pois é uma maneira diferente de se conhecer melhor. Quando cada um se apresenta como um cômodo da casa, está bastante identificado com ele e as características que designa não deixam de ser o modo como ele está se percebendo. Ao final, o coordenador pergunta o que têm em comum o cômodo escolhido e a pessoa que o escolheu, e todos têm a oportunidade de falar sobre si mesmos e sobre como perceberam o outro. Comenta-se também o resto da viagem de cada um e como se sentiram nos outros cômodos da casa.

Técnica de Apresentação (cores)

Objetivos

Tornar os membros do grupo conhecidos a partir de características comuns e diferentes entre eles.

Consigna

Distribuir no chão papéis coloridos e solicitar que cada um se levante e escolha um papel. Depois cada participante deve procurar os companheiros que têm a mesma cor e formar um grupo. Cada grupo deverá criar uma forma de apresentar-se, de maneira que todos estejam contemplados. Ao se apresentarem, devem estar falando de todos ao mesmo tempo. Podem usar toda a criatividade para encontrarem a melhor forma. Ao final, cada um diz o seu nome.

Comentários

Surgem maneiras bem diferentes e criativas de se apresentarem, por meio de poesia, jogral, ou mesmo dramatizando uma situação. O mais importante é o processo de conhecimento e a descoberta das semelhanças entre eles. Surge o sentimento de grupo, por não se sentirem mais sozinhos em sua dificuldade de escolher.

Técnica de Apresentação (cine adolescente)

Objetivos

Tornar os membros do grupo conhecidos a partir de identificações com personagens de filmes.
 Levantar interesses profissionais, pela identificação com personagens de filmes.

Consigna I

Solicitar que cada um escolha o personagem de algum filme de que mais tenha gostado. Em duplas, cada um fala ao colega sobre o personagem, por que o escolheu, o que mais o identifica com ele, em que gostaria de ser parecido com o personagem. Depois, em grande grupo, cada um apresenta o colega com o qual conversou.

Consigna II

Solicita-se que cada um escolha o profissional personagem de algum filme que tenha chamado mais a sua atenção. Em dupla, cada um conta para o colega como era este profissional, onde trabalhava, como foi a sua atuação profissional no filme e por que o escolheu. Em grande grupo, todos apresentam o personagem. Pode-se usar a técnica do *role-playing* para dinamizar a apresentação.

Comentários

A partir da identificação com os personagens dos filmes, surgem fantasias em relação às profissões. Geralmente são escolhidos personagens heróis, bem-sucedidos, com *status* e prestígio social garantidos. Todas essas questões devem ser discutidas, avaliando-se as expectativas de cada um em relação à escolha da profissão. É uma tarefa que o adolescente gosta de fazer, pois está ao mesmo tempo falando de si e de seus heróis.

Técnica do Cartaz: expectativas

A técnica do cartaz ou de colagem foi utilizada pelos cubistas e dadaístas no início de nosso século. Ela consiste em fazer um objeto artístico colando sobre uma folha de papel fragmentos de diferentes materiais recortados (geralmente jornais, revistas e fotografias).

Objetivos

Levantar as expectativas (motivos manifestos e latentes) que levam à procura do grupo de O. P.

Apresentar-se ao grupo através de suas expectativas em relação ao seu futuro.

Esclarecer o contrato de trabalho, analisando as fantasias de resolução do conflito da escolha expressas na colagem.

Consigna

Distribui-se ao grupo folhas de cartolina, revistas, tesoura e cola. Solicita-se que cada um faça uma colagem que represente suas expectativas em relação ao grupo e ao coordenador. O coordenador também faz o seu cartaz, apresentando ao grupo as suas expectativas e definindo, através de sua colagem, os limites e as possibilidades do trabalho a ser realizado. Por exemplo, é comum que os jovens cheguem ao grupo com uma urgência de decisão, o coordenador cola um relógio no seu cartaz e o próprio grupo analisa que o tempo é uma questão pessoal, de amadurecimento de cada um e pode não coincidir com o tempo externo, de inscrição para o vestibular.

Após sua confecção (geralmente o tempo necessário é de 1 hora a 1 hora e trinta), todos os cartazes são observados e apresentados pelo grupo.

Comentários

Os participantes inicialmente mostram-se um pouco surpresos com a proposta, uma vez que estão esperando testes ou outros procedimentos mais formais. Passado este impacto inicial, os jovens acabam por envolver-se tão profundamente no trabalho que fica difícil acabá-lo no tempo determinado. A tarefa de procurar figuras, fotos e palavras-frases nas revistas permite ao jovem entrar em contato consigo mesmo. No final produzem-se trabalhos muito interessantes e a avaliação é de que foi uma atividade produtiva, relaxante e levou-os a pensar o que estavam buscando no grupo e o que poderão encontrar. Os comentários dos colegas são muito esclarecedores, pois eles estão todos identificados com a situação.

Ao final do processo de grupo pode-se fazer um *cartaz de avaliação* comparando os resultados com este cartaz inicial. É muito interessante ver o progresso de cada um e o que foi possível alcançar através do trabalho de OP.

Técnica: Apresentação como Índio

Objetivo

Tornar os membros do grupo conhecidos a partir de um aspecto importante de sua personalidade.

Proporcionar um primeiro contato com a "escolha" e poder analisar os sentimentos envolvidos.

Desinibir o grupo para a realização de um trabalho posterior.

Auxiliar na divisão em subgrupos, a partir de identificações que podem suprir.

Consigna

"Existem algumas tribos indígenas que não dão nomes aos seus filhos no momento do nascimento. O nome só é escolhido depois que a criança cresce e mostra alguns aspectos mais marcantes de sua personalidade. A partir dessa observação as crianças recebem seus nomes. Vamos fazer de conta aqui que todo mundo é índio, e vamos nos sentar como eles, isto é, de pernas cruzadas. Agora, cada um vai escolher um nome para si de acordo com as suas características e gostos pessoais, explicando para os companheiros o porquê do novo nome. Durante todo o encontro, todos serão chamados pelos novos nomes."

Num segundo momento pode-se solicitar que "os índios" se agrupem conforme seus novos nomes para realizarem uma tarefa específica. Por exemplo: como se sentiram ao ter que escolher um novo nome, o que significa escolher, que dificuldades encontramos, etc.

Comentários

Os nomes escolhidos trazem informações sobre cada um dos jovens, e é importante que essas informações sejam integradas na continuidade do trabalho.

Técnica: Coro de Nomes (ou de profissões)

Objetivos

Perceber como o seu nome ou da profissão escolhida soa para si, ao ser repetido pelo grupo.
Desinibir o grupo para a realização de um trabalho.
Tornar os participantes conhecidos numa situação diferente, permitindo a todos aprenderem os nomes dos colegas.

Consigna

Todos devem levantar-se e formar um círculo no centro da sala unidos pelos braços (por cima do ombro do colega). Cada um vai ao centro e diz o seu nome (ou de uma profissão) de três maneiras diferentes. O grupo todo em coro repete três vezes cada nome.

Comentários

Essa técnica permite que o jovem se dê conta de alguns sentimentos em relação ao seu nome (ou profissão). Os comentários que se seguem dizem respeito a como preferem ser chamados, como prevêem que alguém está bravo ou quer dar-lhe uma bronca pela maneira como é chamado. Geralmente comentam que os pais, quando estão bravos, chamam seus filhos pelo nome completo, o que não acontece nas outras vezes.

Técnicas de Conhecimento de Si Mesmo

Técnica: Gosto e Faço

Objetivo

Levantar as atividades que cada um gosta de executar.
    Discutir sobre os sentimentos relacionados com essas atividades.
    Auxiliar a discriminar os diferentes vínculos que estabelecemos com as diferentes atividades.

Levar o jovem a se conhecer melhor por meio de uma conscientização do seu cotidiano.

Consigna

Fazer um quadro das atividades que realiza em seu cotidiano:

gosto e faço	gosto e não faço
não gosto e faço	não gosto e não faço

Comentários

Geralmente o jovem gosta de realizar essa atividade, pois é um momento em que pode parar para pensar em si mesmo por meio das coisas que realiza no seu dia-a-dia.

É importante que o coordenador do grupo realize a tarefa em si próprio antes de aplicá-la no jovem e possa discuti-la com algum colega de trabalho.

Outro aspecto importante a ser analisado é em qual dos quadrantes se concentra o maior número de atividades: se for no quadrante "não gosto e faço", é bom pensar melhor no assunto: por que fazemos tantas coisas de que não gostamos? Como podemos mudar essa situação? Ou, se for no quadrante "gosto e não faço", ver o que está acontecendo e avaliar o que o está impedindo de realizar alguma coisa de que gosta.

Técnica da Bola de Cristal

Objetivos

Permitir que o jovem se veja através do comentário do colega sobre suas respostas nas "frases para completar".

Trabalhar de uma forma diferente os temas propostos nas "frases para completar".

Consigna

No encontro anterior foram distribuídas as "frases para completar"; foi solicitado que todos preenchessem com letra de fôrma ou a máquina, para não serem descobertos pelos colegas.

O coordenador recolhe as folhas e as distribui aleatoriamente entre os membros do grupo, que deverão ler em silêncio e tentar adivinhar quem é o seu autor. Cada um comenta para o grupo como é aquela pessoa, qual a profissão que mais combina com ela, as influências que sofre, etc. Os outros membros do grupo devem dizer se concordam ou se acham que pode ser outra pessoa.

Depois de todos falarem, comenta-se como cada um se sentiu sendo apresentado pelo outro e sobre os comentários dos colegas.

Comentário

O jovem tem a oportunidade de ver-se como se estivesse olhando num espelho, com o comentário do colega. Essa é uma das tantas maneiras de trabalhar as frases. Pode-se também utilizar essa técnica para qualquer outro material que eles tragam por escrito, para que seja discutido de maneira mais dinâmica.

Técnica do Role-Playing do Papel Profissional

Essa técnica é utilizada pelo psicodrama, e pode ser criada e reinventada a cada momento. Aqui sugerimos algumas modalidades que nos parecem interessantes para o trabalho de OP.

Objetivos

Trabalhar ao nível corporal a vivência do papel profissional.

Permitir uma tomada de consciência do que o jovem sabe e do que não sabe sobre as profissões.

Sensibilizar para as sensações de ver-se no papel profissional.

Consigna

Utilizando-se uma almofada (ou algum objeto macio que possa ser jogado) iniciam-se os trabalhos. O coordenador explica que vai atirar a almofada para uma pessoa e dizer o nome de uma profissão. A pessoa deve se imaginar no lugar desse profissional e apresentar-se para o grupo, dizendo quem é, o que faz, onde trabalha, há quanto tempo, etc. Todos participam fazendo perguntas. As perguntas devem girar em torno de sua atividade profissional. Se gosta do que faz, como fez para conseguir o emprego, como está o seu salário. Quando se esgota o assunto, a almofada é passada adiante para outra pessoa do grupo, atribuindo-se-lhe outra profissão.

Comentários

Essa técnica permite a tomada de consciência do desconhecimento que o jovem tem sobre as profissões e sobre a necessidade de ter informações para poder escolher. Muitas vezes, a partir dessa vivência, o jovem tem a oportunidade de constatar que não era isso que ele imaginava que seria aquela profissão e já desiste, saindo em busca de uma nova escolha.

Técnica: *Viagem ao Passado, Presente e Futuro*

Objetivo

Proporcionar uma reflexão sobre o passado, o presente e o futuro, buscando uma integração do tempo fundamental no momento da escolha.

Consigna

O coordenador solicita que todos se acomodem na posição mais confortável possível (se as condições permitirem o ideal é deitar-se de costas em posição de relaxamento). "Imagine que você está num lugar muito tranquilo e sentindo-se completamente relaxado. Agora volte no tempo e se imagine bem pequeno, ainda criança. De que coisas você mais gostava de brincar? Como eram suas brincadeiras? E quando você entrou para o colégio, como foi? Você se lembra de alguma profissão de que gostava? Ou de alguma pessoa importante para você? E quando foi crescendo, o que mais gostava de estudar na escola? Que fatos foram mais marcantes na sua vida? Você chega no segundo grau. Como se sente? Já imagina qual a profissão seguir? E com seus colegas, o que vocês discutem?" Passa-se pelo presente, de acordo com o grupo que estamos trabalhando, e projeta-se o futuro.

"Imagine-se no futuro, daqui a cinco anos. O que você estará fazendo? Estará se preparando para um próximo passo importante na sua vida? Qual será? Já está trabalhando? Como é seu trabalho? Você gosta? E daqui a dez anos, como você estará?"

Comentários

Essa técnica permite que o jovem possa pensar-se como uma pessoa que se move no tempo, que tem uma história e que pode construir um

47

futuro, de acordo com as suas expectativas. É importante essa visão de totalidade. Dar-se conta de que a escolha da profissão não ocorre aleatoriamente, nem baseada apenas em gostos e preferências. Ela está inserida em um projeto de vida que vai se construindo desde que a pessoa nasce.

Comentários técnicos

Essa técnica deve ser aplicada com música suave de fundo, pois isso ajuda o relaxamento. Pode ser adaptada conforme o momento do grupo e as circunstâncias específicas.

Geralmente prefiro aplicar em um momento a viagem ao passado e ao presente, e só no final do processo aplicar a viagem ao futuro (é mais difícil para eles se imaginarem no futuro, principalmente quando estão iniciando).

Também aplico essa técnica de aquecimento para a técnica do cartaz com a instrução "Quem fui, quem sou e quem serei", com os mesmos objetivos.

Técnica do Cartaz — Integração do Tempo

Objetivos

Facilitar e dinamizar processos de associações e expressão de aspectos inconscientes que são sugeridos pelo material oferecido.

Propor uma reflexão sobre o passado, presente e futuro.

Consigna

Propor ao jovem fazer uma colagem utilizando as revistas e recortando as imagens por ele escolhidas. Ele deverá mostrar como vê o seu passado, presente e futuro em relação à sua escolha profissional. Pode-se utilizar as seguintes questões:

"Como eu vejo meu passado até o momento atual? Qual a profissão que imaginava para mim quando eu era criança?"

"O que espero para o meu futuro profissional? Como imagino meu futuro profissional daqui a dez anos?"

Após a confecção dos cartazes, os mesmos são observados pelo grupo. Pode-se definir várias formas de apresentação: 1) Cada um apresenta o seu cartaz e após todos comentam. 2) Cada um escolhe o cartaz de um colega e faz o seu comentário, após o dono do cartaz, e todos os colegas comentam. 3) Cada cartaz é comentado por todos do grupo inicialmente e só após o dono do mesmo explica-o. Esta última traz muitos elementos para serem discutidos, pois a colagem permite que o jovem se projete no cartaz de seu colega, o que enriquece muito a discussão.

Comentários

Esta técnica auxilia o jovem a trabalhar a questão da integração do tempo. O futuro é construído a partir do que fomos no passado e das escolhas do presente. Esta técnica pode ser realizada em dois momentos: inicialmente trabalha-se o passado até o presente, e no final do processo solicita-se o cartaz do futuro (pois neste momento o jovem tem mais condições de se projetar no futuro).

Técnica: Passeio Dirigido

Objetivo

Permitir uma integração do grupo pelo autoconhecimento e pela troca de experiências.

Consigna

Sair para dar um passeio com um colega escolhido e procurar para trazer ao grupo quatro coisas: cheiro, cor, som e animal. Tem 45 minutos para realizar essa tarefa e voltar para o grupo.

Comentários

Essa técnica tem sido aplicada geralmente na universidade, e por vezes os participantes acabam indo visitar cursos e laboratórios de seu interesse no tempo de sobra. Na realidade, o que é solicitado tem apenas o objetivo de dar o estímulo inicial para a troca de experiências. Muitas vezes eles aproveitam esse tempo para dividir com o colega medos e inseguranças em relação à sua escolha. O fato de estarem dentro do horário de grupo e com uma tarefa específica para ser realizada dá um caráter diferenciado ao passeio. Todo o material é discutido no grande grupo, e os participantes têm avaliado geralmente como positiva essa atividade.

Técnica das Frases para Completar

Essa técnica foi apresentada originalmente por Rodolfo Bohoslavsky, em seu livro *Orientação Vocacional — a estratégia clínica*, e adaptada por mim à realidade dos jovens brasileiros. Também acrescentei algu-

49

mas frases que trazem questões importantes para serem discutidas nos grupos de Orientação Profissional.

Objetivos

Auxiliar no diagnóstico da situação do orientando sobre sua possibilidade de escolha.

Levantar questões para serem discutidas no momento inicial do grupo.

Consigna

"Este material o ajudará a conhecer-se melhor, a pensar mais em você mesmo e nas coisas que fazem parte do seu mundo. Por isto é importante que você seja sincero e espontâneo ao realizá-lo.

Complete as frases no espaço em branco. Se necessário use o verso da folha."

1. Eu sempre gostei de...
2. Me sinto bem quando...
3. Se estudasse...
4. Às vezes acho melhor...
5. Meus pais gostariam que eu...
6. Me imagino no futuro fazendo...
7. No curso secundário sempre...
8. Quando criança queria...
9. Quando penso no vestibular...
10. Meus professores pensam que eu...
11. No mundo em que vivemos, vale mais a pena... do que...
12. Se não estudasse...
13. Prefiro... do que...
14. Comecei a pensar no futuro...
15. Não consigo me ver fazendo...
16. Quando penso na universidade...
17. Minha família...
18. Escolher sempre me fez...
19. Uma pessoa que admiro muito é... por...
20. Minha capacidade...
21. Meus colegas pensam que eu...
22. Estou certo de que...
23. Se eu fosse... poderia...
24. Sempre quis... mas nunca poderei fazer...

25. Quanto ao mercado de trabalho...
26. O mais importante na vida...
27. Tenho mais habilidade para... do que...
28. Quando criança, meus pais queriam...
29. Acho que poderei ser feliz se...
30. Eu...

Comentários

Essa técnica é de grande valia no momento inicial do grupo. Geralmente eles gostam de responder às questões, pois elas estão diretamente relacionadas com suas ansiedades no momento da escolha. Pode ser trabalhada de diversas maneiras: pedindo que discutam em duplas, que escolham as mais difíceis ou as mais fáceis de responder para discutirem, ou ainda distribuir as frases aleatoriamente e cada um adivinhar quem respondeu.

Técnicas Sobre a Escolha da Profissão

Técnica da Minhoca

Objetivos

Trabalhar a questão de guiar e ser guiado e sua relação com a escolha da profissão.

Consigna

Solicita-se que o grupo faça uma fila, cada um colocando a mão sobre o ombro do colega da frente. Todos devem fechar os olhos e caminhar conforme a indicação do primeiro da fila, que ficará de olhos abertos. O coordenador acompanha o grupo para um passeio; se puder ser ao ar livre é melhor. A cada dois minutos o ocupante da frente passa para o último lugar e o colega seguinte abre os olhos e dirige o grupo. O exercício se repete até que todos tenham passado pela primeira posição. Volta-se para a sala e discute-se a sensação de dirigir e ser dirigido.

Comentários

Freqüentemente o grupo comenta a dificuldade em se deixar dirigir, a falta de confiança e o medo que surgem nessa situação. Alguns preferem estar na posição de dirigir, pois se sentem dominando o momento.

Técnica da Decisão

Objetivos

Trabalhar o processo de tomada de decisão a partir da identificação de alguns fatores determinantes.

Consigna

O coordenador solicita que todos escolham uma posição confortável para sentar-se. Pensar nas decisões mais importantes que se deve tomar no tocante à escolha de uma profissão, e escrever numa folha de papel. Depois marcar com um "X" aquela que está sendo a mais difícil de resolver. O coordenador recolhe as folhas e entrega novamente para outro colega, que deverá colocar-se no lugar da pessoa que escreveu e propor alternativas diferentes para a solução daquela dificuldade.

Comentário

Parar para pensar nas decisões que se deve tomar até definir uma profissão e poder explicitá-las pela escrita auxilia o jovem a encontrar saídas para suas dúvidas. O colega que lê e sugere alternativas também está se colocando no lugar do outro e podendo conhecer-se melhor a partir da dúvida do outro. Uma questão também importante de ser trabalhada é que a decisão depende, na maioria das vezes, deles mesmos, e que cada um deve construir suas possibilidades de escolha.

Técnica da Escultura

Objetivos

Trabalhar a questão de moldar e ser moldado, ou seja, escolher para o outro e deixar-se ser escolhido.
 Utilizar a expressão corporal para auxiliar na tomada de consciência do sentimento de ser escolhido.

Consigna

Pedir que se escolham em duplas para trabalharem. O coordenador dirige o primeiro momento dizendo que será feito um trabalho de escultura, onde um será o escultor e o outro a massa a ser trabalhada. Solicita-se ao que é a massa para relaxar o corpo, sentindo-se bem mole e solto como se fosse realmente massa, permanecendo de olhos fechados. O colega escultor começa a esculpir, mexendo no corpo do colega, que deve aceitar todos os movimentos. O escultor só termina quando se sentir satisfeito com a sua obra. Estimula-se a perceberem o que estão sentindo no momento. Pede-se que todos abram os olhos e olhem a sua posição e as dos colegas. Não se comenta nada até que os papéis sejam trocados e repetido o exercício. No final comenta-se qual o sentimento despertado em cada situação, quando se sentiram melhor e quais as dificuldades que apareceram.

Comentários

Por essa técnica pode-se trabalhar profundamente o sentimento de ser escolhido e ser manipulado. Vêm à tona as influências da família e suas expectativas em relação ao filho. Aparecem também as influências sociais como determinantes e impeditivas de escolhas desejadas, por exemplo, a questão do vestibular, quando aproximadamente 80% dos vestibulandos ficam fora das universidades federais.

Técnica Bombardeio de Idéias

Objetivo

Levantar o maior número possível de influências que podem surgir no momento da escolha.

Levantar as decisões possíveis e necessárias para chegar-se a uma escolha.

Consigna

Coloca-se uma cadeira vazia no meio do grupo, com uma folha de papel em branco. O coordenador diz: esta é Renata, uma jovem mais ou menos da idade de vocês e que vive aqui perto. Vamos imaginar que Renata precisa tomar uma decisão, vamos fazer um bombardeio de idéias, durante cinco minutos, sobre as decisões que ela provavelmente deverá tomar para escolher uma profissão. As regras do bombardeio de idéias são as seguintes:

- todas as idéias são bem-vindas;
- podem ser idéias desconexas e absurdas;
- não se avaliam negativamente as idéias;
- busca-se a quantidade;
- estimulam-se as idéias brilhantes e geniais;
- aproveitam-se todas as idéias para fazer outras idéias;
- estabelece-se um tempo limite e se cumpre.

Escrevem-se todas as idéias numa folha de papel. Depois lê-se e analisa-se a lista, escolhendo uma idéia para ser trabalhada profundamente. Pode ser por meio do *role-playing* ou de uma colagem sobre a idéia escolhida.

Comentário

Essa técnica permite, pela associação de idéias, que apareçam conteúdos mais profundos, dos medos e fantasias em relação à escolha. Geralmente idéias que a princípio podem parecer absurdas refletem a realidade do mundo interno do jovem, que nem ele se dá conta de que existe.

Técnica da Cadeira Vazia

Objetivo

Trabalhar de maneira descontraída a questão da escolha de uma profissão e suas dificuldades.

Consigna

Coloca-se uma cadeira vazia no meio da sala com o nome de uma pessoa que será entrevistada. Pode ser um profissional, um familiar ou o próprio orientador. Três alunos são escolhidos para se sentar atrás da cadeira e responder, enquanto o restante do grupo faz as perguntas. Estas podem ser referentes à profissão escolhida pelo entrevistado, as dificuldades que enfrentou, as atividades que desempenha.

Comentários

Colocar o próprio jovem para responder as perguntas no lugar do profissional auxilia-o a entender melhor suas próprias dificuldades para escolher. Muitas vezes, no final ele comenta que não imaginava que fosse assim, que ele soubesse bastante sobre aquele profissional e o que despertou estando no seu lugar. Isso permite que várias facetas de uma mesma profissão possam ser trabalhadas, uma vez que três pessoas podem responder de três maneiras diferentes à mesma pergunta.

Técnica: História Sobre a Escolha

Objetivos

Propiciar a discussão sobre as implicações da escolha, a partir de um caso hipotético.

Auxiliar o jovem a identificar-se com a necessidade de escolher.

Consigna

Cria-se uma história que tenha ressonância com o grupo. É importante levar em conta os aspectos culturais e locais. É mais interessante construir a história junto com o grupo, ou em pequenos subgrupos e escolher a melhor para ser discutida em conjunto.

Comentários

A partir da criação e discussão da história, o jovem vê-se identificado com a problemática e passa a pensar quais serão para ele as conseqüências de sua escolha. Tem condições de levantar uma série de fatores que sozinho talvez não alcançasse.

A partir da criação desse dilema, quando é necessário escolher entre duas coisas muito importantes, surge uma profunda discussão sobre o que é escolher, e os aspectos morais, culturais e familiares são explicitados.

Exemplo de uma história:
"Está chegando o final do ano, e André precisa passar nas provas. Todos na família querem que ele passe de ano e seu pai é o mais preocupado com isto. André ficou em exames e deve fazer provas todos os dias, e na sexta-feira deve tirar nota oito.

Acontece que na quinta-feira anterior ao exame é a festa de aniversário de sua melhor amiga, e todos os colegas vão participar. André está com uma dúvida tremenda: não sabe se vai à festa e corre o risco de ir mal na prova, desagradando aos pais, ou se deixa de ir à festa."

O que você faria se fosse André? Justifique sua resposta.

Técnica: Viagem a um Dia no Futuro

Objetivos

Propiciar a vivência do imaginar-se no futuro.

Trabalhar a dificuldade de projetar-se no futuro e relacioná-la com o momento da escolha.

Consigna

Acomodar-se da maneira mais confortável possível, de preferência deitado no chão. Música relaxante de fundo.

"Agora vamos imaginar que estamos dentro de uma máquina do futuro, que nos levará a um dia qualquer de nossa vida daqui a dez anos. Estamos acordando em nossa casa. Levantamos, tomamos o café e nos preparamos para sair para o trabalho. Como estamos nos sentindo? Para onde vamos? Como vamos? A pé, de ônibus, de carro, como? E o caminho para o trabalho, como é? É longe? O que vemos? Estamos chegando. Como é o lugar em que eu trabalho? É um prédio muito grande? Ou é ao ar livre? Entro e cumprimento algumas pessoas. Vou para o meu lugar? Como é ele? É fixo ou não? Tenho colegas ou trabalho sozinho? Que tipo de atividades eu desenvolvo? Surge um problema. É grave! Como resolvo? Sozinho? Tenho essa autonomia? Preciso pedir ajuda a alguém? Como me sinto nessa hora? E assim vai passando o meu dia. Vai chegando a hora de ir embora. Já fiz tudo o que deu para fazer nesse dia. Estou voltando para casa, e penso como foi meu dia de trabalho. Chego em casa e comento. O que eu digo? Agora, devagarinho, vou voltando para o grupo de OP, primeiramente mexendo as mãos, os pés, devagarinho vou mexendo o corpo, espreguiçando, me despertando. Aos poucos todos vão se sentando e comentando com o grupo como foi sua viagem."

Comentários

Essa técnica permite ao jovem projetar-se no futuro e perceber onde estão suas fantasias, estereótipos, medos e dificuldades. Muitas vezes eles percebem que sabem pouco sobre o dia-a-dia da profissão. Outras vezes não se sentem bem desempenhando certas atividades. Outras, ainda, se realizam e têm mais certeza de que é realmente isso que querem escolher.

Técnica: V-F (visão do futuro)

Objetivos

- facilitar a projeção ao futuro profissional;
- discutir os estereótipos em relação à profissão;
- discutir as influências da escolha.

Consigna

Solicitar que o jovem faça um desenho imaginando-se no futuro, daqui a dez anos, numa profissão. Depois escrever o que estará fazendo, como estará se sentindo. Logo após, discutir com os outros membros do grupo e com o coordenador.

Comentários

O desenho é um excelente material projetivo, permitindo que o jovem possa projetar-se com suas expectativas e fantasias. Pelo desenho podem ser avaliadas questões como o traço, a utilização do espaço, a proporcionalidade, a cor, a utilização da borracha, etc. É importante que o coordenador tenha conhecimento da técnica de avaliação de desenhos, se quiser interpretá-los dessa forma.

Pode-se utilizá-lo somente para o conteúdo e avaliar o que o jovem quis representar, qual o conhecimento que ele tem da profissão, como se sentiu ao projetar-se no futuro.

Comentário técnico: essa técnica é de autoria de Silvia Gelvan de Viensten, e tive oportunidade de vivenciá-la no V Congresso Ibero-Americano de Orientação. Na oportunidade, a autora nos mostrou como trabalhar com os pais em conjunto com os filhos. Enquanto os filhos fazem o desenho, os pais, em outra sala, também desenham como vêem seus filhos daqui a dez anos. Depois reúnem-se pais e filhos na mesma sala e todos apresentam seus desenhos, discutindo suas expectativas. É interessante ver o quanto os filhos captam as expectativas dos pais e se estão ou não dispostos a assumi-las na sua escolha.

Técnica: Um Dia Ideal

Objetivos

Avaliar o nível de motivação para a escolha profissional de jovens em processo de O.P.

Trabalhar a questão do "lazer x profissão" em relação ao desempenho de atividades e interesses.

Consigna

Solicitar ao grupo que distribua as atividades que gostaria de realizar durante o período de UM DIA IDEAL (pode ser o domingo) e de UM DIA NORMAL da semana. Logo após cada membro do grupo apresenta e discute com um ou dois colegas. Ao final deve-se analisar se as atividades descritas têm relação com a profissão que o jovem pretende escolher e em que dia (normal ou ideal) estas atividades aparecem.

Comentários:

Acontece com freqüência de alguns jovens não conseguirem distinguir atividades que gostariam de realizar como lazer ou como trabalho. Por exemplo, inúmeros jovens que gostam de esportes (vôlei, futebol, ginástica) ou mesmo de dançar, pensam em escolher profissões relacionadas ao esporte e à dança, quando na verdade estes interesses podem ser realizados nos momentos de lazer. Quando se aplica esta técnica aparecem geralmente três tipos de situações:

— jovens que desejam realizar seus interesses profissionais no domingo ou num dia ideal (Lazer);

— jovens que desejam realizar seus interesses profissionais num dia normal de semana;

— jovens que não expressam intenções de realizar seus interesses profissionais.

Técnicas de Informação Profissional

Técnica das Atividades Profissionais

Objetivo

Auxiliar o jovem a imaginar alguns tipos de atividades profissionais que gostaria de desempenhar.

Consigna

Assinale quais destas atividades você poderia desempenhar sentindo-se bem:

( ) atendimento a pessoas;
( ) movimentação em ambientes fechados;
( ) trabalho com as mãos;
( ) trabalho em equipe;
( ) ligado a instituição;
( ) que envolva instrumento de precisão;
( ) organização e sistematização de publicações;
( ) pequenos movimentos manuais precisos;
( ) que permita trabalhar em mais de um lugar;
( ) que exija compreensão verbal;
( ) horário fixo;
( ) que envolva desenho a mão livre;
( ) desenvolvida em ambientes fechados;

( ) que exija estar bem vestido;
( ) convencer pessoas;
( ) atendimento a pessoas necessitadas;
( ) trabalhar sozinho;
( ) execução gráfica rica em detalhes;
( ) por conta própria — autônomo;
( ) manipulação de substâncias;
( ) uniformizado;
( ) horário livre;
( ) que permita traje informal;
( ) imaginar coisas novas;
( ) ajudar pessoas;
( ) que auxilie a transformação de mundo;
( ) ao ar livre;
( ) ligado à construção;
( ) direto com a natureza;
( ) que exija responsabilidade e decisão.

Liste, para cada item assinalado, aquelas profissões que você acha que envolveriam esse tipo de requisito. Coloque todas que lhe vierem à cabeça.

Escolha três requisitos que você mais gostaria de desenvolver, e explique por que você se sentiria bem atuando dessa forma.

Comentários

Essa técnica já existe descrita na literatura disponível, mas como fiz algumas alterações, achei importante a sua publicação. Pode ser utilizada como preparatória para a técnica R-O, descrita por Bohoslavsky e adaptada por mim (1987), pois auxilia o jovem a tomar contato com as inúmeras atividades profissionais existentes. Geralmente o jovem se vê colocado frente à situação de escolha pela primeira vez. Isso provoca ansiedade, que vai sendo trabalhada ao longo do processo.

Técnica: Satisfação no Trabalho

Objetivo

Levantar a questão da satisfação no trabalho.
 Trabalhar a motivação para o trabalho.
 Relacionar a satisfação no trabalho com aspectos pessoais, sociais e culturais.

Consigna

Solicitar que os alunos façam uma colagem, a partir de fotos de revistas. De um lado, colar os profissionais que estão satisfeitos em seu trabalho, e, do outro lado da folha, os profissionais insatisfeitos.

Pedir que justifiquem por escrito o porquê de cada figura colada.

Num segundo momento (que pode ser o próximo encontro) os trabalhos serão apresentados. Cada aluno explica o seu trabalho num pequeno grupo e depois discute-se em grande grupo.

Comentários

Esse tema mobiliza o jovem e traz a problemática da escolha da profissão com algo que definirá a sua situação de vida no futuro. Geralmente o grupo chega à conclusão de que quem faz o que quer é feliz. Quem faz aquilo de que não gosta não pode ser feliz.

É interessante iniciar o trabalho de OP com essa técnica, porque, além de ser algo diferente, é gostoso de fazer, auxilia o jovem a tomar um primeiro contato com suas percepções em relação ao mundo do trabalho.

Técnica: *Adivinhe Quem Sou Eu?*

Objetivos

Trabalhar a questão da identidade profissional de maneira descontraída e criativa.

Aguçar o sentimento de não se saber quem é e ter que descobrir-se.

Consigna

Inicialmente faz-se um aquecimento corporal que termine com todos formando um círculo, estando um de costas para o outro. Distribui-se um pedaço de papel e alfinete a cada um, que deve fixar o papel às costas do outro. Solicita-se que cada participante escreva no papel às costas do colega que está à sua frente o nome de uma profissão (pode definir com detalhes). Após todos terem escrito, pede-se que caminhem pela sala e leiam as profissões dos colegas. Com perguntas referentes a: Quem sou eu? Trabalho em que tipo de atividades? Tenho emprego fixo? Trabalho com pessoas? Com que objetivos?, etc.

Deve ficar bem claro que os colegas não podem dizer quem é o outro. Devem limitar-se a responder às perguntas, sempre que possível, dizendo apenas "sim" ou "não". À medida que cada um for descobrindo a profissão, vai dizendo em voz alta para ser confirmado ou não pelo grupo. No final todos comentam a experiência.

Comentários

A busca de descobrir quem somos, isto é, qual o papel profissional definido pelo outro para a gente desempenhar, traz à tona uma série de conteúdos a respeito de: a influência dos outros na escolha da profissão (fazer o que os outros querem, geralmente os pais), a difícil definição de quem a gente é, como a gente se sente quando o outro escolhe por nós, a satisfação de receber o papel de uma profissão que se deseja seguir, e outras questões mais.

Técnica do Role-Playing do Papel dos Pais

Objetivos

Trabalhar a nível corporal a vivência do papel dos pais.

Oportunizar a tomada de consciência da expectativa do pai e da mãe a respeito da sua escolha profissional.

Trabalhar a percepção do jovem sobre a escolha profissional de seus pais e sua influência na sua escolha.

Consigna I

Após um exercício de aquecimento, solicitar ao grupo que faça um círculo. Utiliza-se uma almofada que será jogada para cada participante. O jovem que está com a almofada deve escolher o papel de um dos pais, o coordenador e os participantes fazem uma entrevista com o mesmo. Num primeiro momento ele deve apresentar-se no papel escolhido, falar seu nome, idade, profissão, como escolheu, se está satisfeito ou não com seu trabalho. Após pergunta-se sobre suas expectativas em relação à escolha do filho, pede-se que justifique sua opinião. O coordenador pode aproveitar este momento para questionar o jovem sobre conflitos que ele tenha observado e que não tenham sido trabalhados.

Consigna II

Propõe-se ao grupo a realização de uma reunião entre seus pais vivida no "como se" do psicodrama. Cada jovem assume o papel de um dos seus pais e juntamente com os colegas passam a discutir a questão da escolha profissional de seus filhos e sua própria escolha. O coordenador participa questionando e esclarecendo as dúvidas expressas.

Comentários

O trabalho com o psicodrama, em especial o jogo de papéis tem sido muito rico na experiência com grupos de orientação profissional. Colocar-se no lugar dos pais permite ao jovem dar-se conta dos sentimentos deles em relação ao filho como também a percepção do filho em relação aos sentimentos de seus pais. Pode-se observar no rosto do jovem sinais de *insight* de sua situação familiar e da influência que sofre. As perguntas feitas pelos jovens "aos pais" de seus colegas são muito esclarecedoras. Muitas vezes o jovem tem mais clareza e objetividade para tocar no "ponto-chave" do conflito.

Técnica: Mímica das Profissões

Objetivos

Trabalhar a Informação Profissional de maneira descontraída.
Levantar o conhecimento das profissões e seus estereótipos.
Trabalhar ao nível corporal (não verbal), a fim de desinibir o grupo.
Treinar a observação, para que o jovem possa aprender a prestar atenção quando vê um profissional trabalhando.

Consigna

Divide-se o grande grupo em dois. Cada subgrupo deve escolher cinco profissões que deverão ser apresentadas ao outro para que adivinhe qual é. A dramatização deve constituir-se de atividades desenvolvidas pelos profissionais no seu cotidiano, porém sem falar. Deve-se estimular que todos participem. As apresentações devem ser alteradas.

Comentários

O coordenador deve orientar a discussão ao final, no sentido de prestar as informações corretas sobre cada profissão, apontando os estereótipos e falsas interpretações sobre as atividades profissionais.
É interessante que a seqüência do trabalho possa ser o aprofundamento do conhecimento das profissões por meio de pesquisas, vídeos, visitas a locais de trabalho e entrevista com profissionais.

Técnica: Congresso das Profissões

Objetivos

Trabalhar a informação profissional.
Discutir nas diversas atividades de cada profissão a possibilidade de trabalhos interdisciplinares.
Avaliar a inserção de cada profissão no mundo ocupacional.

Consigna

Solicita-se que, em grupos de quatro a seis pessoas, seja organizado um congresso do qual participe o maior número de profissões possível. Pode-se dar alguns exemplos, como a Reunião Anual da SBPC, que engloba profissionais de todas as áreas para discutirem as pesquisas que estão sendo realizadas em todo o Brasil. Encontro de ecologia, que poderá reunir diversos profissionais, como: geógrafos, arquitetos, engenheiros, psicólogos, sociólogos, agrônomos, políticos, veterinários, etc.

Os grupos devem dar um título para o congresso, definir os profissionais que participariam, definir os temas e qual a palestra que cada profissional apresentaria. Ao final deverão apresentar ao grupo, em forma de dramatização, a realização desse encontro.

Comentários

A realização desse exercício traz à tona a falta de conhecimento sobre o mundo do trabalho e das diversas atividades desenvolvidas pelos profissionais. Permite que eles sejam criativos na busca de informações. É importante fornecer material informativo para que eles possam pesquisar.

Técnica da Fotografia

Objetivos

Trabalhar os vínculos afetivos com as profissões e as escolhas que surgem a partir deles.

Consigna

Agora vamos imaginar três profissionais de que cada um gosta e três de que não gosta. Como eles são? O que fazem? Onde trabalham? Hoje é o Dia da Confraternização Universal, e todos os profissionais estarão reunidos para comemorar e tirar uma fotografia. Cada membro do grupo, utilizando-se dos demais colegas, reúne um grupo com o qual gostaria de tirar uma foto, colocando alguém para ser ele. Cada um comenta como está vendo a foto que tirou e fala sobre o que sentiu estando naquele lugar com aqueles profissionais ao seu lado.

Comentários

Essa técnica permite que sejam expressas as relações afetivas de cada participante com as diversas profissões. É importante averiguar os motivos de cada escolha. Muitas vezes esses motivos estão ligados a pessoas próximas, familiares e pais. É mais fácil para o jovem escolher o que ele já conhece, aparecendo aí as influências familiares. Pode-se solicitar também que o jovem faça um desenho dessa fotografia, e, se a técnica foi realizada no início do trabalho, é bom guardá-la para comparar com o final do trabalho.

Técnica do Baú Mágico

Objetivos

Trabalhar os estereótipos das profissões de maneira lúdica.
 Levantar as influências da família em relação à escolha dos filhos.
 Identificar os interesses e motivações dos jovens.

Consigna

Vamos imaginar que aqui temos um baú mágico. Dentro dele existem inúmeras roupas, para todos os tipos de gostos ou preferências. Você vai procurar no baú diferentes roupas, e à medida que for encontrando vai explicando para seus colegas como elas são:

- a roupa da profissão que você gostaria de exercer;
- a roupa da profissão que seus pais gostariam que você exercesse;
- a roupa da profissão que você detestaria exercer.

Comentários

Pela escolha das roupas a pessoa está definindo também um jeito de ser, sendo possível avaliar a diferença entre as expectativas dos pais e dos jovens em relação ao seu futuro.

É interessante também que essas roupas possam ser reais. Para isso, solicita-se que cada jovem escolha o maior número possível de roupas e acessórios e traga para o grupo. Pode-se, também, somente imaginar as roupas e descrevê-las ou também desenhar.

Técnica da Nave de Noé

Objetivos

Trabalhar preconceitos e valores em relação às profissões.
Permitir a projeção ao futuro, tendo que decidir no presente.

Consigna I

O planeta Terra será destruído e uma nave espacial será enviada a outro planeta para iniciar uma nova vida. Só cabem dez pessoas nesta nave. Indique quais, dentre as pessoas da lista abaixo, você acha que deveriam ser escolhidas (a lista pode ser alterada conforme os interesses demonstrados no grupo).

Médico	Lixeiro	Professor
Padre	Artista	Padeiro
Datilógrafo	Jornalista	Engenheiro
Esportista	Advogado	Psicólogo
Prostituta	Enfermeiro	Economista

Os participantes fazem listas individuais, depois discutem em pequenos grupos e finalmente todos juntos.

Consigna II

O planeta Terra será destruído e você está dentro de uma nave que irá povoar um novo planeta. Você faz uma viagem interplanetária e chega ao novo planeta. Que profissional você gostaria de ser para auxiliar na construção desse novo mundo? Vamos nos imaginar nesse planeta, e cada um vai assumir o papel do profissional que escolheu ser.

Dramatiza-se a situação da chegada ao novo planeta e todos participam. É interessante fazer uma entrevista com cada participante sobre seu papel, para auxiliá-lo na formação do personagem.

Comentários

Essa técnica permite que o jovem entre em contato com uma situação em que a tomada de decisão é importante. Aparecem os preconceitos em relação a cada uma das profissões. Também é discutida a função social das profissões e sua importância na formação de um mundo novo. Pode aparecer também a falta de informações sobre as atividades que cada profissional desempenha.

Técnicas de Avaliação

Técnica: Avaliação Não Verbal

Objetivos

Avaliar o processo de OP de maneira não-verbal.

Consigna

Coloca-se uma almofada (ou cadeira) diante da outra, em dois cantos da sala. Nos outros dois lados da sala ficam os membros do grupo. Cada um deverá ir até uma das almofadas e expressar corporalmente como se sentia antes de iniciar o processo de OP; depois se desloca (como quiser) até a outra almofada, demonstrando como foi para ele viver todo esse processo. Quando chega na outra almofada deve expressar como está se sentindo ao final do processo.

Os outros membros do grupo devem prestar atenção em cada colega para depois comentarem o que entenderam de sua *performance*. Ao final todos comentam a vivência, analisando em que momento foi mais fácil, ou difícil, e se conseguiu expressar com o corpo aquilo que realmente quis transmitir.

Comentários

Essa técnica permite que se faça uma avaliação mais verdadeira, com menos defesas. Corporalmente é mais difícil enganar a si e aos outros. No início, às vezes, é um pouco difícil, mas depois que os primeiros se encorajam a realizar o exercício, fica mais fácil para o resto do grupo. Muitas vezes eles solicitam que o coordenador também faça a sua avaliação. É importante que seja feita e comentada com o grupo. Nessa ocasião temos a oportunidade de ver como eles estavam nos sentindo durante todo o processo. Muitas vezes sua avaliação não-verbal é tão completa que não é preciso dizer nada, ela em si já basta.

Técnica do Aeroporto

Objetivos

Trabalhar a separação do grupo e os sentimentos que despertam.
Propiciar a expressão de fantasias em relação ao afastamento do grupo e a resolução de seu problema de escolha.

Consigna

Solicita-se que o grupo se imagine encontrando-se num aeroporto, onde cada pessoa está saindo de viagem para um lugar. Cada um vai contando para onde está indo, o que vai fazer lá, como está se sentindo em partir e despedindo-se das pessoas que encontra.

Comentários

Essa técnica permite que se trabalhe a questão da separação do grupo de forma lúdica. O grupo sente a necessidade de poder expressar a importância que tiveram os colegas no seu processo de escolha e agradecer ao grupo por isso. Muitas vezes querem continuar se encontrando, trocam endereços e combinam encontros para depois do vestibular. O fato de cada um estar viajando para um lugar simboliza também a viagem pessoal de cada um, o projeto de vida que as pessoas estão construindo para si e a necessidade de se separarem para poderem seguir seu projeto individual.

Técnica da Carta de Despedida

Objetivos

Fazer uma avaliação do trabalho desenvolvido no grupo.
  Trabalhar a separação do grupo, os sentimentos despertados.

Consigna 1

Solicitar que cada participante escreva uma carta despedindo-se do grupo, comentando como se sentia, se gostava ou não, se foi útil, o que mais apreciou e o que menos apreciou. Depois, em grupo, todos lêem suas cartas e discutem. As cartas podem ser trocadas antes de serem lidas para o grupo todo.

Consigna II

Solicitar que cada um escreva uma carta para uma pessoa amiga que não tenha participado do grupo, contando como foi, que coisas mais apreciou, em que ajudou na sua escolha e como gostaria que tivesse sido.

Comentários

É importante de ser trabalhada a separação do grupo, pois o envolvimento é proporcional à sua vontade de que ele não acabe, sendo muitas vezes difícil para o grupo se separar. Essa técnica permite que os participantes verbalizem as suas emoções em relação ao trabalho desenvolvido.

Técnica Diário do Grupo

Objetivos

Auxiliar o grupo a compreender a OP como um processo em que vários momentos são vividos.

Ter uma percepção de como os jovens elaboram cada encontro de grupo.

Colher dados para fazer uma avaliação final de todo o trabalho realizado.

Consigna

Combina-se com os participantes de fazer um diário do grupo. Cada membro é responsável por uma redação diária. No relato devem constar as atividades realizadas no grupo, como foi o seu desenvolvimento e uma avaliação pessoal do relator. Ao início de cada encontro é lido e comentado o texto anterior pelos colegas. O coordenador recolhe, e ao término pode apresentar o relato total.

Comentários

Os jovens geralmente adoram essa atividade e são muito criativos em seus relatos. Às vezes colam figuras ou fazem poesias a respeito de como sentiram o trabalho. São sinceros em suas avaliações, muitas vezes surpreendendo o coordenador.

RELATOS DE CASOS

5
ESCOLHI OU FUI ESCOLHIDA?

Suzymara Trintinaglia

Procurou-me uma moça que se expressava de forma agradável e simpática, entretanto trazia consigo uma ansiedade (inquietação) interna e um desejo de estabilizá-la.

Por volta dos vinte anos, namorava um rapaz com idade um pouco mais avançada, seu segundo objeto de amor. Terceira filha de quatro tentativas frustradas em busca de um representante masculino que desse continuidade ao trabalho do "pai médico", sentia-se quase de forma compulsiva mantenedora desse papel.

Prosseguindo o curso de Biologia enquanto fruto de dois vestibulares e respectivas reprovações, ansiosamente, Patrícia demonstrou um cansaço que tangia a monotonia, e um embaraço que acolhia seu desejo. Após escolher três vezes o curso de Medicina, colocou em xeque sua opção e fatalmente confrontou-se com o que passou a ser o motivo da busca da Orientação Profissional: QUERO FAZER MEDICINA OU FAÇO PELO MEU PAI? ESCOLHI OU FUI ESCOLHIDA?

Nosso trabalho teve início em meados de maio, uma semana após nosso primeiro encontro, que tinha por objetivo o estabelecimento do "contrato": Patrícia escolheu o sofá em vez da poltrona que ficava de frente para mim, motivo que mais tarde pareceu-me óbvio: estava sentindo necessidade de relaxar, de descansar suas malas pesadas em algum lugar confortável. Iniciou-se uma etapa informativa no que diz respeito aos aspectos da vida escolar, habilidades, interesses, etc. do orientando, até fragmentos da vida dos próprios pais. A princípio poderá parecer superficial, porém, se bem dirigida, traz detalhes fundamentais provavelmente vinculados a material latente (ICS).

No começo Patrícia respondia de forma objetiva (o que se pode considerar dentro do esperado). Com o passar da sessão parecia cada vez mais conectada aos nossos objetivos, absolutamente importante no que diz respeito ao sucesso do trabalho.

Contava-me sobre como normalmente "escolhia":

"... tenho dificuldade para escolher e acabo sempre agradando o outro, tenho um lado muito prestativo."

"Na verdade, é muito difícil suportar a falta do que não é escolhido" [mais adiante entenderia que agradar para receber amor era código conhecido].

Dando continuidade:

"... quando penso em experiências escolares, lembro-me de quando cheguei à escola. Eu era alta e magra, causava impacto, algumas colegas debochavam de mim, como se eu parecesse uma "galinha", e isso me magoava muito".

— Sim, porque você ficava com a sensação de que só seu charme contava e não os valores pessoais ou intelectuais.

Obs. 1: Aqui já se pode desconfiar que existe uma falta de confiança no seu potencial, sentimentos de menos valia, e quem sabe uma necessidade de mostrar para o outro que não é apenas bonita e é capaz dos maiores desafios.

"... eu não tenho habilidade especial, gosto muito de viajar e viver bem... Quanto aos meus interesses, quero ser independente o mais breve possível, ter minhas coisas, minha casa, minha família, acho mais importante as relações afetivas. (...) se doar para alguém em especial."

— Parece importante que você tenha tempo suficiente para tudo isso.

"... ah, é, minhas coisas em primeiro lugar, jamais quero deixar de estar em casa."

Obs. 2: Nos dois primeiros encontros, sentava-se na beirada do sofá como se estivesse pronta para se levantar. Gesticulava muito para explicar e procurava responder rapidamente, como se assim não houvesse tempo para pensar. No início da terceira sessão, sugeri que sentasse mais à vontade, para que suas colocações pudessem ser mais espontâneas e não tão defensivas. Surpreendentemente sua postura mudou, juntamente com sua entonação, o que propiciou-lhe mais tempo para entrar em contato com o verbalizado. Manteve essa conduta até o final do processo.

Sobre sua dinâmica familiar:

"... somos quatro filhas, sou a terceira, meu pai sempre quis um filho homem. Nosso relacionamento é normal, nos damos bem, só que eu estou sempre discutindo com o pai, porque somos muito parecidos e queremos impor uma idéia própria sobre as coisas. Só que depois que eu brigo me sinto mal, me arrependo e até fazer as pazes com ele não fico tranqüila."

Obs. 3: Aparecem aqui sentimentos de culpa por não ser o filho homem, e além de tudo, ainda, por contrariá-lo. É possível também entender que, se era parecida com o pai, nada mais natural do que repetir sua escolha.

— O que você lembra dele?

"... lembro que ele nunca estava em casa, que quando chegava estava cansado ou ia estudar. Acho que negligenciou muito a família, doou-se para a Medicina e esqueceu o resto. Acho-o excelente profissional, o melhor, só que não precisava estar tão ausente. Por exemplo, não foi na minha primeira comunhão por causa de uma cirurgia."

Obs. 4: Ficam claros sentimentos de carência afetiva em relação ao amor do pai, além de ter que dividi-lo com mais três mulheres e a Medicina. Para finalizar, foi deposta pelo nascimento da última filha.

No entendimento de Patrícia, já era difícil ter o pai para si. Quando discutia, pelo menos o tinha. Porém desencadeava sentimentos de pânico pela perda, e acabava cedendo para não distanciar-se ainda mais.

Pude verificar que sua desvalorização provinha da frustração de não ser o filho que daria continuidade ao trabalho do pai, "o salvador da pátria".

Esses sentimentos, aliados e atrapalhados, faziam-na crer que a única coisa concreta era que a medicina significava tudo que fosse "bom" para o pai, primeiro motivo para cursá-la. O segundo é que ficaria totalmente perto (como ninguém, por sinal) e obteria um passaporte para uma viagem bastante demorada ao lado do seu primeiro objeto de amor. Temos que levar em consideração a oportunidade para seu reconhecimento intelectual, tendo em vista que este fora minimizado no passado em sua vida escolar.

Todos esses dados fornecem uma visão do quanto ela retroalimenta posturas vinculadas a aspectos infantis, as quais de certa maneira foram transferidas para a medicina, que teria como função propiciar seu "casamento com o pai".

No encontro seguinte, sua primeira manifestação: "como foi bom relaxar e aproveitar a sessão".

Senti necessidade de quebrar um pouco daquilo que parecia estar encaminhando-se para o convencional (se pensarmos no tema vestibular). Surgiu a idéia de usar uma técnica pertencente à linha do psicodrama chamada *role-playing*, onde o orientando (ou paciente) entra no papel da pessoa escolhida. Patrícia demonstrou-se disposta. Entrevistei-a no papel das irmãs e da mãe. Falamos sobre suas escolhas, relacionamentos, depoimentos sobre a opinião de cada uma em relação às habilidades e possíveis cursos para Patrícia, e outros aspectos importantes.

"... A mãe sempre lembra o quanto eu ficava brava e de cara amarrada, e que com freqüência brigava com todos em casa."

Falei, no papel da mãe, o que achava da escolha da Medicina para a filha:

"... ela vai gostar, não aprecia muito estudar... o tempo ensinará".

Obs. 5: Não fica difícil identificar mais uma mensagem passada para a família, onde suas caricaturas de menina briguenta, assim como a doação para o estudo (pelo menos cotidianamente) não eram bem o seu forte.

Sugeri que se colocasse no lugar do pai para ser entrevistado. Apareceram lágrimas nos olhos de Patrícia, demonstrando o quanto seria difícil representá-lo.

"... tenho pena dele, ele não queria ser assim, não tem culpa, (...) entregou-se para a medicina."

— O que mobilizou você? O fato de ser parecida com ele?

"... sim, ele é muito 'frio'."

— Parece que você tem a sensação de que fazer medicina significa repetir todo um comportamento aversivo.

Obs. 6: Outro componente de sua angústia era que, se fosse médica, fatalmente negligenciaria sua família, ou seja, sua fantasia de ser a mais parecida com o pai implicaria não ter tempo para nada se quisesse ser boa profissional.

Minha proposta era "limpar" a escolha da medicina de anos de contaminação, no sentido de que Patrícia pudesse optar por ela simplesmente pelo prazer e não por pertencer à premissa que inicialmente foi comentada.

Alguns entendimentos para que este quebra-cabeças comece a configurar-se:

Patrícia amava muito seu pai, apesar de senti-lo distante; sua maturidade permitiu que "o absolvesse" dessa frieza.

A medicina parecia o único caminho para concretizar esse desejo, uma vez que sempre que recorria à linguagem verbal acabava por discutir.

Essa escolha estava acompanhada de muitos signos, porém ainda não tinha sido descartada, já que Patrícia não conseguia visualizar outra alternativa.

Nesse ínterim, ela sugeriu que eu entrevistasse a mãe pessoalmente. Fui obrigada a questioná-la:
— Qual o sentido dessa entrevista?
"... gostaria de ouvir o que ela pensa de mim nesta etapa."
— Você se sentiria mais aliviada se eu dissesse para ela o quanto escolher Medicina pesa nos seus ombros?
"... sim, parece um fardo de mil quilos."

Obs. 7: Notam-se expectativas sutilmente depositadas em Patrícia no decorrer de seu desenvolvimento. Sendo ela tão parecida com o pai, para a mãe, que conhecia muito bem a realização do marido, ficava evidente que a filha mais parecida com ele daria continuidade a essa realização.

No decorrer das sessões, eu fazia interferências gradativas, e Patrícia estava cada vez mais integrada ao processo, às suas coisas. Sua postura permanecia bem mais relaxada e notava-se às vezes um certo ar triste em seu rosto.

Obs. 8: Passei a acreditar que esse sentimento era relevante, pois, permitindo deprimir-se, estava automaticamente entrando em contato com seus conflitos e minimizando suas defesas.

A tarefa para a próxima sessão era completar algumas frases subjetivas, que fazem com que o orientando pare para pensar. Algumas delas estão aqui:

1. EU SEMPRE GOSTEI DE "... ver meus pais felizes, em especial meu pai".
— Parece que existe certa obrigação de fazê-lo feliz por ser a mais parecida e por não ser o filho homem.

2. ME SINTO BEM QUANDO "... sinto que as pessoas gostam de mim".

73

— Seria uma necessidade de ser reconhecida em função de uma auto-estima rebaixada?
3. SE ESTUDASSE "... psiquiatria gostaria, mas me formaria muito tarde, acho muito tempo para esperar para cuidar de mim, não quero viver dez anos estudando".
— Projeto de vida a curto prazo, pelo menos no que tange à independência e corte de "cordão".
4. ME IMAGINO NO FUTURO "... atendendo no consultório ou administrando uma empresa, executiva".
— A primeira idéia parece mais relacionada com material mais primitivo, infantil, onde Patrícia via o pai sentado atrás de uma mesa grande de madeira e uma poltrona de couro confortável. Já a segunda abrange aspectos mais ligados à realidade de Patrícia: liderança, autonomia, criatividade, iniciativa, além do que o espaço físico é muito semelhante.
5. NO CURSO SECUNDÁRIO "... sempre achei meus colegas mais inteligentes do que eu".
— Novamente percebe-se uma desvalorização pessoal.
6. QUANDO CRIANÇA "... queria que meu pai assistisse minha apresentação de balé e minha comunhão".
— A Medicina compensaria todas essas faltas. Pai e filha estariam sempre perto.
7. QUANDO PENSO NO VESTIBULAR "... quero tirar até o terceiro lugar de medicina, ser a melhor".
— Dispenso comentários.
8. PREFIRO "... viver humildemente mais feliz do que cheia de fama e infeliz".
— Fiquei com a sensação de que ela estava falando de alguém conhecido... Não cursar Medicina poderá significar abdicar do *status*, entretanto se deu conta de que pessoalmente (afetivamente) o pai não se realizou, pois optou pela entrega profissional, e para Patrícia a primeira área é a mais importante.
9. QUANDO PENSO NA UNIVERSIDADE "... poderia estar fazendo o curso que realmente vai me preparar para o futuro".
— Parece que já está existindo "outro" curso além da Medicina.
10. UMA PESSOA QUE ADMIRO MUITO É "... minha sogra, porque venceu sozinha e colocou os negócios para a frente".
— Vencer sem precisar do pai em algo que admira, os negócios.
11. MINHA CAPACIDADE "... pouco usufruo, preciso sempre de um empurrão".

— Na Medicina seria sempre estimulada.
12. ESTOU CERTA DE QUE "... vou me decidir e não vai demorar, tenho condições de vencer, sou preguiçosa para estudar, gosto de me mexer, mas sinto um bloqueio".

— Percebe-se um certo reconhecimento pessoal — a possibilidade de decidir sozinha. Assume não gostar de estudar e que algo a está prendendo — impedindo seus movimentos.
13. QUANTO AO MERCADO DE TRABALHO "... quando você vai à luta as portas se abrem".

— Nota-se a acomodação de sua escolha e a solução para desbloquear-se.
14. EU "... me sinto bem quando agrado a meu pai, talvez gostaria de explodir: mas se explodo não consigo o carinho que quero".

— Entendia-se: "Eu queria tanto fazer meu pai feliz... Já que não consegui sendo mais uma filha mulher, se eu for eu mesma, ele não vai gostar de mim".

Na outra sessão estava cabisbaixa, falei sobre isso e sobre o que estava sentindo:

— Gostaria que você entendesse que está enfrentando a perda de muitas coisas que por certo a gratificariam. Contudo, esse prazer está vinculado a um projeto que não é o seu, pelo menos não atualmente.

"... (chorou novamente) estou me dando conta de que faço tudo pelo meu pai, minha vida toda pensando sempre nele, em agradá-lo, em ser uma filha nota 10 para ser amada. Tudo está desmoronando, estou assustada, tenho que começar tudo de novo. Não vejo outra alternativa senão Medicina".

Propus um jogo, uma fantasia, onde durante determinado tempo ela negaria totalmente a Medicina, faria de conta que não existia. Meu objetivo era tentar romper com a obsessão de fazer vestibular para esse curso. Minha intenção era que Patrícia conseguisse "desvestir" uma roupa que estava encolhida com o passar do tempo e que estava dificultando seus movimentos, sua harmonia, sua dança profissional.

Na outra sessão, Patrícia entrou radiante e notava-se outro brilho em seu rosto:

"... tô tri bem, meu pai me chamou para falar e me disse que ele quer me ver feliz e que é para mim fazer o curso que eu quiser, ele não se importa, só quer me ver feliz".

Obs. 9: Tem-se a impressão de que é muita coincidência essa conversa, porém só pôde ser realizada porque Patrícia propiciou. Algo mudara dentro dela, que facilitou a aproximação.

— Está se sentindo mais livre?
"... bah, parece que saiu um peso enorme dos ombros."
— O que ele quis lhe dizer com essa atitude?
"... que ele vai continuar me amando mesmo se eu não fizer Medicina."

Obs. 10: Fica óbvio o entendimento que eu vinha tendo até o momento, e que parecia muitas vezes prematuro.
"... queria comentar que, quando as pessoas me perguntam se já me decidi, se vou fazer Medicina, eu desconverso, mudo de assunto. O fato de ela não existir me alivia muito."

Obs. 11: Patrícia levou verdadeiramente a sério o jogo de negação da Medicina.
Ela já tinha uma idéia sobre o que iria escolher. Por precaução, resolvi aplicar uma técnica (R-O) que abrange as profissões e que é material pertencente ao trabalho de Rodolfo Bohoslavsky, pois assim estaria descartando a possibilidade de uma escolha errônea por falta de informação.

Essa técnica consiste das seguintes etapas:

No primeiro momento, o orientando escreve em cartões todas as profissões que lhe vieram à cabeça, e outras após a consulta em material sobre profissões.

Numa segunda etapa, os cartões são agrupados de modo que se identifiquem para formarem famílias.

Depois falamos sobre cada profissão que o orientando não conheça ou tenha interesse em conhecer.

Entrega-se um cartão em branco, que representa o orientando, pedindo que ele se coloque na família em que mais se sentiria bem, em casa, em harmonia.

Conta-se uma história sobre uma festa que se realizará para confraternização dessas famílias, e que o orientando foi escolhido para ser o anfitrião. Sua casa é pequena e não cabe todo mundo, e ele deve convidar apenas as pessoas com quem realmente teria interesse de manter contato na festa. Inicialmente o orientando tira todas as pessoas que com certeza não convidaria (provavelmente profissões distantes de seus interesses).

Com os convidados selecionados, ainda tem uma chance de retirar quem ele ficou em dúvida, diminuindo assim os cursos e reduzindo a margem de erro. Com o pessoal presente, tira-se uma foto para recordação da festa. Nessa foto é possível identificar qual curso está mais próximo do orientando, afinal, ele irá dispor as profissões de maneira harmônica, de forma que a que mais se identificou com ele ficará mais próxima.

Algumas dicas Patrícia deixou escapar durante o processo, em que evidenciou todo um lado ligado a estar bem vestida, gostar de coisas limpas, apreciar dirigir alguma coisa, mexer com papéis, usar criatividade, inventar, inovar, lidar com algum produto, divulgá-lo, viajar. Esta área não lhe era estranha, pois sua família tem participação em uma microempresa.

Ao final da sua R-O — quando simbolicamente tira-se a foto — as profissões ficaram da seguinte maneira:

Patrícia (cartão em branco) ao centro, à esquerda Psicologia, em cima dela, Comércio Exterior, e, à direita, Administração. O curioso é que a irmã mais velha é psicóloga, a do meio está cursando Comércio Exterior, e Administração já tinha dona, Patrícia.

Na última sessão sentia-se em condições de terminar, estava eufórica e disse que se sentia muito bem, como se fosse outra pessoa, com vontade de estudar, de recuperar tudo que perdera nos últimos dois anos.

Falou que tinha tido outra conversa com o pai, e que conseguiu dizer tudo que estava submerso e cristalizado em relação às suas emoções, sentimentos, desejos para com ele, e que falou "numa boa". Disse não ter alternativa quanto ao modo de colocar esses sentimentos, que acha que acabou por agredi-lo. Confirmou sua escolha por Administração e todo o emaranhado envolvendo a Medicina.

Obs. final: Na verdade, Patrícia simplesmente foi objetiva e real com o pai. Porém, sabemos o quanto era difícil ser franca com ele, pois isso implicava, fantasiosamente, perdê-lo. Sua sensação foi de magoá-lo novamente, mas a diferença é que "correu o risco", e o resultado foi positivo.

Depoimento de Patrícia sobre a OP:

"Quando entrei aqui não sabia o que ia acontecer, eu sabia que você não ia me dizer se eu deveria fazer Medicina ou Administração, mas não imaginava que você ia buscar as coisas tão fundo. Teve momentos que eu desci lá embaixo, que pensava de noite na cama, que comentava com meu namorado e eu não sabia onde ia dar. Mas as coisas foram ficando claras, e hoje sou outra pessoa, mudou minha vida, hoje eu não acredito como pude ficar tanto tempo nessa situação (começou a chorar), eu sempre acho que não vou conseguir, mas desta vez eu consegui, eu venci."

Foi muito difícil não dividirmos essa emoção, e respondi que só foi possível pela disponibilidade, integridade e coragem com que se expôs e enfrentou momentos delicados, uma vontade de crescer muito marcante que, como um viés, margeou essa trajetória.

Somamos um total de dez encontros, realizados duas vezes por semana, onde foram identificados os fatores que estavam impedindo, atrapalhando sua escolha e conseqüentemente trazendo angústia.

A eleição da Medicina como via de acesso ao pai e tudo que isso enredava e arrastava paralelamente tornou-se quase uma obsessão, impedindo qualquer outra alternativa de vida.

Patrícia se deu conta de que sua relação com o pai não passava pela área profissional, mas dependia exclusivamente de sua estrutura interna, e esta, por sinal, sofreu muitas alterações, mudanças que se refletiram em tranqüilidade onde havia angústia, em afirmação onde residiam sentimentos confusos.

De posse de seus sentimentos e podendo visualizar suas necessidades, Patrícia escolheu. Se a escolha foi definitiva não poderíamos afirmar, mas a certeza de que cancelou um programa pertencente ao seu passado e que certamente configuraria seu futuro é real, em especial por ser, esse futuro, distante de seus ideais.

Bibliografia

Aberastury, Armindas e colaboradores (1983). *Adolescência*, Porto Alegre.
Ackerman, Nathan (1986). *Diagnóstico e tratamento das relações familiares*.
Blum, Harold (1977). *Psicologia feminina. Uma visão psicanalítica contemporânea*.
Bohoslavsky, Rodolfo (1983). *Orientação vocacional. Teoria, técnica e ideologia*, São Paulo.
Bohoslavsky, Rodolfo (1977). *Orientação Vocacional. A estratégia clínica*, São Paulo.
Moreno, J. L. (1978). *Psicodrama*.
Soares, Dulce Helena (1987). *O jovem e a escolha profissional*, Porto Alegre.
Soares, Dulce Helena (1988). *O que é escolha profissional*. São Paulo, Brasiliense.

6
ORIENTAÇÃO PROFISSIONAL: O PERFIL DE UMA EXPERIÊNCIA

Cláudia Genésio da Silva
Cristianne Sá Carneiro

"Ajudar o adolescente a definir e planejar seu futuro não é, por acaso, contribuir para que cresça superando a crise vital implícita na escolha da carreira? Não é ajudar um homem a nascer?"

RODOLFO BOHOSLAVSKY

Para começo de conversa...
Ao iniciarmos este texto, concebido e escrito a quatro mãos, tínhamos tantas idéias e pensávamos em escrever e contar tantas coisas, que foram necessários muitos encontros para que recortássemos de forma mais precisa nosso objeto e pudéssemos definir o que e como escrever.

O que nos move a conceber um texto leve e claro é a imensa vontade de dividir nossa experiência com profissionais que, como nós, tenham se "encantado" com a possibilidade de lidar com jovens numa etapa delicada e importante de suas vidas — a escolha profissional.

Estaremos preocupadas aqui, mais do que em discutir técnicas e metodologias, em narrar uma experiência que pode contribuir significativamente para pessoas que estejam dispostas a eleger esta temática como objeto de estudo e trabalho.

A nossa experiência...

Oferecidos há alguns anos pelo SAPSI — Serviço de Atendimento Psicológico da Universidade Federal de Santa Catarina —, os Grupos de Orientação Profissional se propõem a atender clientela específica, caracterizada pela necessidade de adquirir conhecimentos pertinentes à escolha profissional. Cartazes comunicando o início de mais um grupo de OP são fixados em todo o campus e nas escolas de 2º grau. Os quinze primeiros inscritos passam a compor o grupo.

Nosso trabalho teve início em meados de abril com uma entrevista individual com cada um dos participantes. O objetivo principal desse primeiro contato é rastrear aspectos da vida escolar, interesses, perspectivas, fragmentos da vida dos pais (como, por exemplo: seu pai gosta do que faz? O que você acha que ele gostaria de ter feito? Por quê?), levantar expectativas do sujeito com relação ao grupo de OP e ao futuro e, por fim, estabelecer o contrato de trabalho.

Surpreendentemente este grupo revelava-se, de saída, bastante singular, devido à heterogeneidade que o caracterizava: trabalharíamos com algumas pessoas bem jovens, que cursavam ainda o 1º grau, com pessoas que já estavam em fases adiantadas de cursos na própria Universidade Federal, com outras com cursos trancados e ainda com pessoas que, embora insatisfeitas, já cursavam pós-graduação. Além desses, a grande maioria freqüentava a última série do 2º grau ou cursinho pré-vestibular.

Cientes da necessidade de integrar da melhor forma possível uma clientela tão diversificada, iniciamos o primeiro encontro com uma atividade de auto-apresentação. Sugerimos que cada um falasse o seu nome, se sabia o seu significado, se sabia quem e por que lhe deu esse nome, se tinha apelido e como gostaria de ser chamado por todos nós. Como as pessoas estivessem inicialmente um pouco constrangidas, iniciamos a apresentação tentando criar um clima bem amigável e descontraído. As pessoas aos poucos foram se apresentando, e pudemos observar que não se limitaram, como havíamos sugerido, a falar sobre seus nomes. Muitas disseram por que procuraram o grupo de OP, falaram de seus conflitos, de seus medos, das cobranças e da dificuldade de escolher. Marcamos que o fato de eles, de saída, dizerem coisas tão pessoais mostrava uma grande disponibilidade de envolvimento com o grupo e um certo comprometimento que seria muito fecundo, visto que o grupo andaria no compasso que nós, enquanto grupo, determinássemos.

Em seguida estimulamos a formação aleatória de duplas e aplicamos a Técnica do Índio, sugerindo que cada componente da dupla apresentasse o colega com seu nome indígena e contasse o motivo pelo qual ele se batizou com esse nome. A atividade foi desenvolvida com bastante dificuldade, porque as pessoas não conseguiam escolher um outro nome para si. Houve alguns pedidos como: "O colega não pode escolher um nome pra gente?", "Mudar de nome é muito difícil...". Mas ainda assim surgiram nomes interessantes: MOLE: porque é meu jeito mesmo; BATERIA: porque sou muito barulhento; ESFINGE: porque significa indefinição e é o momento em que eu vivo agora; CÉLULA: porque sou extremamente organizado; AO CONTRÁRIO: porque me sinto assim.

O desenvolvimento dessa atividade ensejou que trabalhássemos a questão da dificuldade da escolha e a impossibilidade de delegar a outros a nossa escolha — pudemos ressaltar que, mesmo quando decidimos acatar a escolha que alguém pensa ser a melhor para nós, em verdade estamos escolhendo a escolha de outro, entretanto somos nós que decidimos isso, portanto, ainda assim, a escolha é nossa.

Alguns disseram estar se sentindo "meio encabulados" pelo fato de estarem entre pessoas que já tinham quase concluído algum curso e outras que já faziam especialização. Achamos pertinente ressaltar que estas pessoas teriam muito a contribuir. Experiências tão diversas enriquecem muitíssimo cada encontro, dando condições de pensar as coisas sob vários enfoques. Ensina também que não existe um tempo certo para nada, cada pessoa é um ser singular e experiencia as coisas de modos diferentes e em tempos diferentes. A possibilidade de refletir e falar sobre esses aspectos já desencadeou uma discussão muito significativa, especialmente referente aos preconceitos com relação à idade certa "para se sentir inseguro" ou "para não saber o caminho a seguir". Discutimos que não há um momento preestabelecido, e sobre a necessidade de aprender a respeitar os outros com seus "compassos" individuais.

Pretendendo explorar um pouco essa discussão, solicitamos ao grupo que cada um confeccionasse um cartaz retratando as suas expectativas com relação ao grupo e ao futuro. Distribuímos cartolina, cola, tesoura e muitas revistas. Após a colagem sugerimos que todos nós dispuséssemos os cartazes de maneira circular no chão, e ficamos alguns instantes a observá-los. Os participantes comentavam o que conseguiram captar daquilo que os colegas tentaram expressar nos cartazes, o dono do cartaz dava o *feed-back* necessário, complementando os comentários dos colegas. Com essa atividade, pudemos, em conjunto, refletir um pouco sobre a questão das dúvidas, angústias e expectativas, além de gostos e maneiras de ser.

Por fim voltamos a firmar o contrato, agora com todo o grupo, ressaltando que a participação e a dedicação de cada um às nossas atividades semanais iria determinar o "compasso" do nosso grupo. Portanto, tudo o que nós construíssemos seria o produto coletivo, construído por todos nós.

Num segundo momento, aplicamos a técnica do *role-playing* do papel profissional, pretendendo trabalhar a questão dos preconceitos e estereótipos com relação às profissões. Pode-se observar que, inicialmente, o grupo priorizou profissões não convencionais. Nesse momento surgiram opções do tipo: cobrador de ônibus, caminhoneiro, bailarino, servente de obras, pugilista, lanterninha, entre outras.

Achamos conveniente fomentar a discussão em grande grupo, para evidenciar até que ponto eles estavam se esquivando de assumir e enfrentar suas escolhas, medos e indefinições. Na medida em que privilegiavam opções que fugiam do seu leque de interesses, pareceu-nos clara a tentativa de evitar discussões que evidenciassem suas reais dificuldades, expectativas e preconceitos com relação às suas possibilidades de escolha. Colocações do tipo: "... é que tentar se colocar num papel que não tem nada a ver com a gente é bem mais fácil...", "... É, assim a gente não se envolve muito..." confirmaram nossa expectativa.

Posteriormente demos continuidade à técnica, e o grupo elegeu as seguintes profissões: bioquímico, administrador de empresas, psicólogo, odontólogo, agrônomo, enfermeiro, guia turístico, professor, médico e outras.

Cabe aqui descrever alguns casos que consideramos significativos. Um dos componentes do grupo, proveniente de uma família tradicional de médicos, procurou a OP questionando a medicina enquanto escolha "natural". Não tendo passado no vestibular para o curso de medicina, cursava enfermagem e parecia decepcionado com a área biomédica. Durante a técnica lhe foi atribuída a profissão de cirurgião plástico. O grupo se surpreendeu e denunciou sua dificuldade em desempenhar o papel, segundo suas próprias palavras: "Gente, não dá... Eu não consigo me imaginar como médico". Pudemos trabalhar a questão da influência dos pais e a questão da vocação como historicamente produzida e não como algo determinado *a priori*, inato.

Ao final da OP, esse participante prestou vestibular para Comércio Exterior e hoje é um universitário empolgado com as perspectivas que o curso desvelou.

Outro caso interessante foi o de uma jovem de 14 anos que no *role-playing* não conseguiu assumir quaisquer dos papéis profissionais que lhe foram delegados. O grupo percebeu essa dificuldade e inquiriu sobre sua motivação em particular da OP. Pudemos trabalhar aspectos muito significativos para a compreensão do fato ocorrido: até que ponto seu ingresso no grupo era motivado pela busca de um espaço para repensar a questão da escolha profissional ou era uma necessidade de definição imposta pela família. Além disso, foi possível refletirmos sobre os espaços e direitos que delegamos às pessoas quando se trata de definir as nossas vidas. Em que medida é nossa a responsabilidade ao permitirmos que outros, ainda que imbuídos por toda a "boa vontade" do mundo, determinem que está na hora de escolhermos. E mais: de escolhermos "isso" ou "aquilo".

A essa altura da discussão, o grupo deu o seguinte *feed-back*: "... Então você está aqui porque a tua mãe acha que tá na hora de escolher... E você? Não acha nada?..." Como a jovem parecia não conseguir ordenar fatos e idéias, decidimos aplicar o "*role-playing* do papel dos pais", na tentativa de evidenciar a dinâmica familiar em torno da escolha profissional.

Essa mesma jovem, assumindo o papel de sua mãe, deu os seguintes depoimentos: "Eu gostaria muito que a minha filha fizesse Engenharia, porque é uma profissão segura e de futuro". "Quanto mais cedo se resolver, melhor, porque aproveita para ir se especializando na área... Vai fazendo umas aulas extras de matemática, umas coisas assim...", "A minha filha nunca conseguiu decidir nada sozinha, sempre precisou da minha ajuda. Foi assim desde pequena, e acho que vai ser sempre assim".

Esse exercício foi extremamente rico para todos os presentes, que, de uma forma ou de outra, se identificaram com as situações que emergiram e puderam repensar sua postura dentro da estrutura familiar.

Outro momento que mereceu destaque foi o último encontro, quando relembramos nossas expectativas e ansiedades quanto ao decorrer do trabalho. Utilizamos a técnica da Avaliação Não-Verbal, cujos resultados descrevemos sucintamente a seguir: um participante inicia o trajeto se arrastando pelo chão; vai se erguendo aos poucos e termina de pé, braços abertos, demonstrando euforia. Outro começa de pé, em cima da cadeira, deita no chão durante o percurso, rola de um lado para o outro, vai se levantando lentamente. Ao se aproximar da cadeira, pára, observa-a por alguns segundos e, num gesto brusco, a derruba. Continua caminhando como se a cadeira (o fim) não existisse. Um outro começa encolhido sobre a cadeira, aos poucos vai se levantando e caminha até o fim; quando se senta, apóia a cabeça com as mãos. Outro, ainda, começa o percurso com expressão tensa, à medida que vai se locomovendo sua expressão se modifica, terminando o percurso com uma sonora gargalhada.

A discussão em torno da *performance* de cada um evidenciou uma transformação significativa no modo de pensar sua postura diante de todas as questões trabalhadas em grupo. Fizemos questão de ressaltar que sabíamos da expectativa inicial: que seríamos portadores de um conhecimento que nos permitiria, ao fim dos encontros, traçar um perfil profissional para cada um dos participantes, assegurando-lhes sucesso e satisfação na vida. O grupo confirmou essa expectativa, entre sorrisos cúmplices e divertidos. Pudemos, em conjunto, redimensionar conceitos, valores e posturas implicados no processo da escolha. Certamente, nem todos conseguiram avançar a ponto de traduzir suas reflexões em uma escolha madura e pessoal, mas temos certeza de que cada um saiu dessa experiência com uma outra compreensão acerca do homem e as formas que cria e recria para encontrar seus espaços e mover-se pelo mundo.

É certo, pois, que a vivência de um orientador de grupos de OP é sempre nova e surpreendente. O *feed-back* recebido vem confirmar que, mais do que um trabalho de orientação profissional, promovemos o crescimento do ser que se dispõe a discutir em grande grupo suas mais íntimas dificuldades diante do mundo.

ONDE FAZER

7
ORIENTAÇÃO PROFISSIONAL NA ESCOLA — SEGUNDO GRAU*

Dulce Helena Penna Soares Lucchiari

Para iniciar é importante identificar a visão de escola que temos. A escola deveria ser o lugar onde os alunos tivessem a oportunidade de desenvolver suas potencialidades pelo oferecimento de condições apropriadas ao crescimento psicológico (cognitivo e afetivo) e social.

O objetivo da escola do 2º grau é preparar para o trabalho, isto é, dar condições para o aluno ingressar no mercado de trabalho ao encerrar o ciclo de estudos.

A realidade é diferente. Existe uma preocupação exagerada com o aspecto cognitivo: o aluno precisa saber o conteúdo, ter muitas informações. Poucas tarefas são realizadas, na prática, nas quais o aluno possa contar com a possibilidade de criar, gerar conhecimento a partir da própria experiência.

Cultiva-se uma imagem de aluno imaturo e despreparado, o que justifica a autoridade da escola e dos seus executores, os professores. Isso leva a dificuldades para a articulação dos jovens na busca de soluções para suas necessidades.

Em geral não existem atividades programadas que permitam falar das coisas que estão realmente preocupando os adolescentes, como, por exemplo, o conhecimento de si mesmos, a vontade de autodefinir-se, compreender quem são, quem não são e quem gostariam de ser.

---

* Este trabalho foi apresentado no IV Encontro de Psicólogos Escolares do RGS, em 1988.

A escola está longe de responder aos objetivos para os quais foi formada. Ela está aí, entretanto, e é nela que temos que trabalhar...

A Preparação para o Trabalho

O que é trabalho?

O trabalho é qualquer atividade que modifique a natureza a serviço do homem. Ele é parte integrante na vida de qualquer pessoa, e geralmente ocupa grande parte do tempo gasto por ela.

Como preparar o aluno para o trabalho? Acredito que diversos pontos deveriam ser abordados no decorrer do 2º grau, como os seguintes:

Conteúdo

- é importante como conhecimento e informação;
- cria o *back-ground* para aprendizagens práticas;
- é fundamental que seja feita a relação das disciplinas com as profissões.

Relação Homem-Trabalho

- como ocorrem o interesse, a motivação e o prazer no trabalho;
- quais são os direitos e deveres dos trabalhadores;
- como se realiza a relação de trabalho no sistema de produção capitalista.

Informação Profissional

- o que são, o que fazem, onde, para que, qual o salário e oportunidades de formação nas profissões;
- informações calcadas na realidade, sem idealizações, fantasias ou preconceitos. Discussão sobre as imagens das profissões divulgadas pelos meios de comunicação;
- valorização das profissões da família e da comunidade, com a participação dos alunos no processo e no auxílio à identificação das necessidades profissionais da comunidade.

A Orientação Profissional

Em países da Europa, a Alemanha, por exemplo, existe a função denominada professor orientador. São profissionais que dedicam algumas horas de seu trabalho à orientação de alunos, o que para estes representa uma entre várias matérias em seu plano de estudos. O objetivo é orientar na escolha de escolas, mudanças de cursos e em ocasiões de problemas escolares e sociais.

Nos Estados Unidos os orientadores trabalham junto aos professores, auxiliando-os a fazer a relação entre as disciplinas e as ocupações. Trabalham também no desenvolvimento do currículo e na avaliação do sistema educativo no que se relaciona ao trabalho. Atuam junto aos alunos em programas de exploração de trabalho social e em Centros de Recursos de Orientação.

Considerando a situação atual das escolas e o não atendimento da maioria dos aspectos comentados, o orientador profissional tem uma tarefa mais abrangente para realizar nas escolas do 2º grau. Deve trabalhar no sentido de levar o aluno a:

• ter clareza de sua situação de vida e dos fatores que interferem em suas escolhas;

• elaborar um projeto de vida em que possam ser viabilizadas as possíveis escolhas;

• ter conhecimento da realidade do mundo do trabalho, não apenas ao nível de informação, mas também das relações que se estabelecem.

Proposta de Orientação Profissional para Escolas do Segundo Grau

Orientação Profissional é o processo que auxilia o jovem a tomar conhecimento de inúmeros fatores que interferem na sua escolha profissional, a fim de que ele possa definir-se com maior autonomia. O orientador é o facilitador desse trabalho.

O trabalho de Orientação Profissional estará presente no momento em que o jovem deve tomar decisão muito importante para sua vida. É fundamental que o jovem queira participar do trabalho de OP. Assim ele estará, a partir daí, experimentando sua possibilidade de escolha.

Por essa razão divido o trabalho de OP, na escola, em dois momentos:

Primeiro Momento

Trabalhar com a turma de alunos, com os seguintes objetivos:
• iniciar a discussão sobre a escolha profissional;

• motivar os alunos para o trabalho em pequenos grupos, enfatizando a importância da escolha como um ato individual;
• prestar informações sobre cursos, escolas, possibilidades de formação e mercado de trabalho;
• discutir com profissionais a respeito de características gerais das profissões.

Segundo Momento

Trabalhar com grupos pequenos de alunos (oito a dez participantes) com o objetivo de:
• aprofundar o processo de escolha, trabalhando temas como a liberdade de escolha e os fatores que a determinam, o conhecimento de si mesmo e o mundo do trabalho, o significado da escolha na vida de cada pessoa.

Implantação de um Serviço de Orientação Profissional em Uma Escola de Segundo Grau

Venho desenvolvendo a implantação de um Serviço de Orientação Profissional, ligado ao SOE do Colégio de Aplicação (UFSC). Esse trabalho está sendo realizado com estagiários do curso de Psicologia, desde o início de 1987.

Inicialmente procurou-se enfatizar a divulgação desse tipo de atendimento, já que se tratava de um trabalho diferente naquela escola. Realizaram-se alguns encontros com as turmas da terceira série, cujos alunos estavam prestes a inscrever-se para o vestibular. Promoveram-se, também, alguns grupos de OP com alunos da primeira e segunda séries.

Em um segundo momento, quando novos estagiários de Psicologia ingressaram, foi aplicado questionário para levantar o possível interesse dos alunos da escola em participar de OP, e sua disponibilidade de tempo. Foram realizados cinco grupos, fora do horário escolar, de seis encontros, com duração de três horas.

Foram entrevistados profissionais e realizadas visitas a cursos da Universidade, juntamente com o trabalho enfatizando a questão da escolha.

Tem havido dificuldades para conseguir o apoio e o interesse dos professores. Eles afirmam não dispor de tempo para integrar-se a mais uma atividade, além da sobrecarga que já existe.

Como outra forma de inserção, estão sendo feitos contatos com o Grêmio Estudantil, cujos participantes mostraram-se bastante receptivos ao trabalho de Orientação Profissional.

Através do jornalzinho da escola escrevem-se artigos que tratam da conscientização dos alunos para a importância da escolha da profissão para a futura satisfação pessoal e profissional.

E, finalmente, programam-se sessões de vídeo sobre a questão da escolha, com informações a respeito das profissões.

Finalizando...

A ênfase no processo cognitivo e a falta de espaço para o jovem enriquecer o seu crescimento psíquico...

... a distância entre a teoria e a prática, e o fato de o aluno estudar sem saber para que, não observando relação com suas necessidades...

... as dificuldades próprias da adolescência...

... a falta do exercício de escolha, às vezes até em pequenas coisas do dia-a-dia...

levam a dificuldades para que o jovem se mobilize e aprofunde a questão da escolha profissional.

Como conseqüência...

25 a 30% dos alunos que ingressam em diversas universidades públicas brasileiras já haviam iniciado anteriormente outro curso superior, do qual se afastaram ou se afastarão. Estão fazendo novo exame vestibular. As vagas abandonadas permanecerão em aberto...

... o número de alunos que abandonam cursos superiores, trancam matrículas, são reprovados, conseguem transferências internas e não concluem sua formação é muito grande...

... o número de profissionais frustrados, que não tiveram a consciência, a oportunidade ou a coragem suficiente para trocar de curso é preocupante, entre outras coisas, porque a insatisfação profissional interfere no processo social e econômico...

Para colaborar no sentido de diminuir esses problemas é fundamental que se trabalhe com Orientação Profissional nas escolas, enquanto preparamos uma reforma ampla na estrutura e no funcionamento das escolas do país, isto é, no Sistema Educacional Brasileiro.

8
O SERVIÇO DE ORIENTAÇÃO PROFISSIONAL NA UNIVERSIDADE FEDERAL DE SANTA CATARINA*

Introdução

A Universidade Federal de Santa Catarina, através do Departamento de Psicologia, presta à comunidade da cidade de Florianópolis um Serviço de Orientação Profissional.

Desde 1983, esse trabalho vem sendo coordenado pela professora Dulce Helena Penna Soares Lucchiari. Durante o seu período de implantação, foi realizada uma pesquisa, ao nível de dissertação de mestrado, que culminou com a publicação, em 1987, do livro *O Jovem e a Escolha Profissional* (pela Editora Mercado Aberto, de Porto Alegre), que tem servido como referencial teórico e prático do atendimento realizado.

O trabalho de Orientação Profissional está integrado nos três níveis de atividades desenvolvidas pela Universidade: ensino, pesquisa e extensão.

Apresentaremos a seguir o referencial teórico-prático e a operacionalização do serviço: sua organização interna, procedimentos, resultados e avaliação.

---

* Trabalho aceito para apresentação no XIII International Congress of Educational and Vocational Guidance, Estocolmo, 1988.

O Referencial Teórico e Prático

"Acreditar no homem como sujeito de sua própria vida, isto é, como ser capaz de realizar o seu projeto de vida, de determinar sua história social, é nossa postura de trabalho" (Soares, 1987, p. 20).

O homem pode escolher dentro de um leque de opções que lhe são oferecidas pela sua situação de vida (classe social, tipo de família, época histórica e cultural, etc.). Existe, pois, uma liberdade que é limitada por essa própria realidade na qual a pessoa está inserida. A consciência desses limites pode dar à pessoa um grau maior de autonomia para escolher.

O objetivo da Orientação Profissional é facilitar ao jovem a escolha da profissão a partir da consciência dos fatores que interferem na tomada dessa decisão.

Entre os fatores trabalhados, podemos citar: fatores políticos, econômicos, sociais, educacionais, familiares e psicológicos.

A OP "oportuniza a reflexão, a discussão e o debate entre os próprios jovens para que eles possam se dar conta daquelas influências que lhe estão sendo prejudiciais, por não lhe permitirem escolher ou por levarem a um grau de angústia insuportável" (Soares, 1987, p. 83).

Sua realização é feita em grupo, por acreditar-se que é a melhor forma de se procurar uma mudança individual e social. Auxilia por diversas razões: a possibilidade de identificações recíprocas entre os membros do grupo a partir de uma problemática em comum (a necessidade de escolher), o enriquecimento pessoal a partir da troca de idéias e experiências e a possibilidade de maior aproveitamento das técnicas utilizadas e do *feed-back* grupal.

A Escolha da Profissão no Brasil

A escolha de uma profissão dá-se geralmente quando o jovem finaliza o segundo grau e pretende ingressar na Universidade. No Brasil, existem 440 mil vagas na universidade, enquanto 1 milhão e 900 mil candidatos prestam o exame vestibular a fim de serem selecionados. Isso significa uma concorrência de 4,3 candidatos por vaga, três de cada quatro alunos não podem estudar na universidade porque não existem vagas para todos.

Esse é apenas um dos fatores que estão presentes no momento em que o jovem escolhe uma profissão. Dados dos últimos relatórios de vestibulares realizados no Sul do país nos mostram que 25 a 30% dos jovens que ingressam são universitários que estão buscando uma nova vaga; 16 a 19% dos jovens afirmam ter escolhido o curso que desejavam no momento de preencher a ficha de inscrição do vestibular.

São dados que, somados ao grande número de excedentes, nos trazem uma preocupação grande com relação à qualidade das escolhas feitas por esses jovens e, conseqüentemente, interesse e motivação nos estudos e posterior vida profissional.

Existe um esforço muito grande dos pais e da escola (através de seus dirigentes e professores) em preparar os alunos para enfrentarem o exame vestibular. Por outro lado, observa-se que não existe um trabalho sistematizado de Orientação e Informação Profissional no Sistema de Ensino Brasileiro. Não existem profissionais especialistas contratados exclusivamente para realizar esse trabalho nas escolas de segundo grau, embora a universidade esteja formando anualmente psicólogos e orientadores profissionais preparados para desempenhar essa função.

O Serviço de Orientação Profissional da UFSC

O Serviço de Orientação Profissional é uma das atividades no Serviço de Atendimento Psicológico (SAPSI) do Departamento de Psicologia.

O SAPSI presta diversos tipos de atendimento à comunidade, como: psicodiagnóstico, terapia e aconselhamento psicológico para adultos e crianças em diversas abordagens psicológicas. O SAPSI tem como objetivos:

• prestar um serviço psicológico à comunidade (extensão);
• servir como local de estágio para alunos do curso de formação em Psicologia (ensino).

O Serviço de Orientação Profissional também se inscreve nesses dois objetivos. O trabalho é realizado por alunos do último ano do curso de Psicologia, supervisionados semanalmente pela professora coordenadora.

O trabalho está estruturado da seguinte maneira:

Divulgação

No início de cada semestre letivo é feita uma divulgação do Serviço de Orientação Profissional através dos meios de comunicação: jornal, rádio e televisão (coordenada pela Assessoria de Comunicação da UFSC). Também são visitadas algumas escolas, onde os estagiários têm oportunidade de entrar em contato com os alunos de segundo grau, explicando o que vem a ser o trabalho de Orientação Profissional. Essa divulgação tem por objetivo, além de informar que as inscrições estão abertas, motivar e ressaltar a importância de um trabalho dessa natureza.

Inscrições

As inscrições são realizadas conforme preferência de horário por parte dos participantes.

São organizados em média dez grupos por semestre, que contam com a participação de oito a dez pessoas. Realizam-se durante os três turnos e têm a duração aproximada de dois meses.

Realização do trabalho

A Coordenação de cada grupo de OP é feita por dois estagiários de Psicologia. Inicialmente é realizada uma entrevista individual, na qual se verifica a indicação da orientação profissional. Caso contrário, o cliente é encaminhado para outro serviço. Logo após iniciam-se os encontros grupais. Estes têm a duração de duas a três horas semanais e são em número de seis a oito encontros, conforme a necessidade do grupo. Após cada encontro são feitos a supervisão do atendimento e o planejamento para o encontro seguinte. Ao final do processo é realizada uma entrevista, com o objetivo de trabalhar aspectos individuais que não puderam ser abordados no grupo.

Os encontros de grupo

Estes são planejados para se realizarem em três momentos, distintos porém integrados.

Primeiro momento: é trabalhada a expectativa em relação ao processo de Orientação Profissional (O que espero? O que venho buscar?). Inicia-se também o processo de conhecimento de si mesmo, em termos de valores, interesses, expectativas em relação à vida e ao trabalho, influência dos pais e da sociedade. São utilizadas técnicas de psicodrama e de dinâmica de grupo, bem como técnicas projetivas de colagem e desenho.

Segundo momento: são trabalhados a informação profissional, o conhecimento das profissões e do mundo do trabalho, suas implicações políticas, econômicas e sociais. Para este item utilizamos a técnica R-O descrita por Bohoslavsky (1981) com algumas adaptações feitas por Soares (1987).

Terceiro momento: são trabalhadas a questão da escolha propriamente dita, suas implicações, influências e conseqüências. Para isso utilizamos a técnica *role-playing*, representando imagens e cenas dos papéis profissionais que os jovens estão por escolher. Também é feita uma avaliação do trabalho realizado.

Avaliação dos trabalhos

A avaliação, que é realizada ao final de cada grupo, nos traz as seguintes informações:

• no início o jovem sente-se perdido, sem saber o que fazer no seu futuro profissional, sem informações e sem uma metodologia de escolha. No final relatam que estão mais seguros, que encontraram um caminho e sabem o que fazer para alcançar os seus objetivos;

• relatam que a participação no grupo auxiliou-os a aprender a escolher (deuteroescolha — segundo Bohoslavsky, 1981) não só a profissão, mas também em outras situações de sua vida;

• nem sempre finalizam o trabalho com a escolha de uma profissão, mas se sentem capazes de se decidirem posteriormente, pois adquiriram uma metodologia de escolha e informações sobre as profissões;

• reclamam a necessidade de um trabalho de Orientação e Informação Profissional durante o segundo grau, período em que estão se preparando para entrar na universidade.

Comentários finais

Existem alguns dos dados que não podem deixar de ser comentados aqui. Temos observado uma grande falta de informação profissional nos jovens que participam dos grupos, bem como naqueles que ingressam nas primeiras fases dos cursos universitários.

Essa carência de informação profissional deveria ser suprida por várias entidades. Em primeiro lugar acredito ser uma obrigação da universidade ter um Serviço de Informação Profissional e divulgar acerca dos cursos que ela oferece, seus currículos, atividades profissionais e mercado de trabalho.

Em segundo lugar, as entidades de classe, como conselhos, associações e sindicatos deveriam prestar informações sistematizadas em relação à sua área profissional. Os sistemas de comunicação de massa, como televisão, jornal e rádio, deveriam ser chamados a participar de um trabalho de Informação Profissional com programas específicos a esse respeito.

Entre os jovens que buscam o Serviço de Orientação Profissional da UFSC, 40% são alunos da própria universidade que estão insatisfeitos em seus cursos e procuram uma confirmação da escolha ou uma nova opção. Esse número nos tem preocupado muito, e será motivo da realização de uma pesquisa no próximo ano, sobre a re-escolha da carreira profissional entre os jovens que já freqüentam a universidade.

O trabalho que vem sendo desenvolvido na Universidade Federal de Santa Catarina nos tem mostrado um saldo positivo. Está havendo, a cada dia que passa, uma procura e uma preocupação maiores por parte da comunidade e das autoridades educacionais. Sabemos que esse é um trabalho lento, mas é importante seguir em frente.

Bibliografia

Bohoslavsky, Rodolfo (1981). *Orientação vocacional — a estratégia clínica*, São Paulo, Martins Fontes.

Soares, Dulce Helena Penna, (1987). *O jovem e a escolha profissional*, Porto Alegre, Mercado Aberto.

9
CONSCIENTIZAÇÃO PARA AS QUESTÕES DA ESCOLHA DA PROFISSÃO: UMA ABORDAGEM INTEGRADA*

Marilu Diez Lisboa
Desirée Mauro

"Desde que, adulto, comecei a escrever romances, tem-me animado até hoje a idéia de que o menos que um escritor pode fazer, numa época de atrocidades e injustiças como a nossa, é acender a sua lâmpada, fazer luz à realidade de seu mundo, evitando que sobre ele caia a escuridão, propícia aos ladrões, aos assassinos e aos tiranos. Sim, segurar a lâmpada, a despeito da náusea e do horror.

Se não tivermos uma lâmpada elétrica, acendamos nosso toco de vela ou, em último caso, risquemos fósforos repetidamente, como sinal de que não desertamos nosso posto."

ÉRICO VERÍSSIMO, *Solo de Clarineta.*

Premissas que embasam a proposta

Vivemos hoje no Brasil um regime democrático no qual as pessoas têm direito à ação, ao discurso e à liberdade da expressão do pensamento, ao mesmo tempo em que se mostram impregnadas por um ranço da repressão que gerou o vício da percepção dos problemas sem a possibilidade da busca de soluções.

Através de um debate verborréico que privilegia a queixa em detrimento da ação transformadora, as instituições brasileiras se acomodam, e assim se submetem às forças perversas que particularizam seus interesses, advindas de uma elite capitalista unida pela busca do ganho imediato e da exploração humana.

Angustiadas com o atual estado de alienação dos indivíduos que pertencem às instituições brasileiras e dos conseqüentes fracassos dos que deveriam ser os objetivos estabelecidos primordialmente, partimos para a busca de soluções reais e construtivas que resgatem a essência e a estrutura sadia dos seres humanos, com o intuito de que recriem as

---

* Este trabalho foi apresentado na Conferência Internacional da AIOSP/IAEVG, realizada em Lisboa, de 9 a 13 de setembro de 1991, cuja temática central foi "Orientação para os anos 90". Trata-se de uma prática desenvolvida desde 1990 em escolas particulares de São Paulo e Grande São Paulo, cuja origem deve-se a observações advindas das experiências em psicologia clínica e orientação vocacional em consultório, bem como de trabalho desenvolvido em escola particular — em gabinete de orientação psicológica.

instituições. Neste momento, nos empenhamos na criação deste trabalho como uma práxis multiplicadora, o que dependerá do envolvimento de cidadãos cuja ideologia se baseie na busca de soluções e não apenas na crítica pela crítica.

A partir da experiência de trabalho de mais de uma década em instituições de saúde mental, educação e empresas — públicas e privadas —, fundamos o Instituto do Ser, com a intenção de promover a mudança de comportamento no sentido do incremento da ação e do compromisso dos indivíduos com a sua integridade e a integridade social.

Constatamos em nossa prática que:

1. o compromisso com a educação torna-se cada vez menos valorizado por parte dos governantes e dirigentes de escolas particulares, o que se reflete no trabalho dos professores e na formação dos alunos;

2. o despreparo dos professores a partir dos cursos de Magistério e Pedagogia os conduz a uma visão fragmentada do que seja educação, levando-a unicamente para o caminho da informação;

3. apesar do crescente descompromisso com a educação totalizante, existe forte pressão por parte das escolas, da família e da sociedade para que o jovem opte por um curso universitário, ainda na fase da adolescência;

4. não há valorização da escolha consciente da profissão, por parte dos alunos, professores, direção de escolas e pais;

5. a desvinculação entre o que a universidade oferece e o mundo do trabalho provoca uma visão distorcida da realidade, que resulta: na evasão dos alunos de alguns cursos universitários, na superprocura de outros cursos e no não exercício ou abandono da carreira escolhida pelos jovens, o que provoca o crescimento de trabalhos alternativos visando primordialmente o lucro, em detrimento da realização profissional/vocacional.

O Trabalho Desenvolvido

Na tentativa de atingir primordialmente os jovens em seu ser individual e social, dividimos o trabalho em três módulos: MÓDULO 1 — alunos (adolescentes), MÓDULO 2 — instituição (professores, coordenadores e dirigentes) e MÓDULO 3 — pais.

Módulo 1

No primeiro módulo, o trabalho realiza-se com alunos da oitava série do primeiro grau e dos três anos do segundo grau.

PRIMEIRO GRAU — OITAVA SÉRIE

Objetivo

Esclarecer as questões da adolescência, do seu papel social na família, na escola, na sociedade, e da importância das escolhas e suas conseqüências, buscando conscientizar os jovens o quanto, desde já, torna-se fundamental serem agentes de seu futuro.

Conteúdo

- Puberdade e adolescência
- Papel social da adolescência
- A questão das escolhas
- Esclarecimentos sobre o segundo grau

1 — Cursos regulares
- O que são
- Vantagens e desvantagens
- Curso regular integrado
- Curso regular desmembrado

2 — Cursos profissionalizantes
- O que são
- Vantagens e desvantagens
- Famílias profissionais
- Cursos oferecidos

SEGUNDO GRAU — PRIMEIRO ANO

Neste momento trabalhamos não diretamente a Orientação Profissional, mas a preparação dos alunos enquanto seres integrados à sociedade, objetivando:

• possibilitar o desenvolvimento do senso crítico quanto ao que sejam as relações interpessoais autênticas, únicas que levarão ao crescimento dos indivíduos e do grupo;

• significar junto ao grupo de alunos o que sejam as diferenças individuais e como trabalhar com elas sem negá-las;

• clarificar os conceitos de participação, consenso e coesão, auxiliando o grupo de alunos a refletir sobre seu significado e sua relação com a prática.

Conteúdo

- Personalidade e identificações
- Agrupamento X grupo
- Participação, alienação e despersonalização
- Diferenças individuais e conflitos
- Consenso e coesão

SEGUNDO ANO

Objetivo

Propiciar o desenvolvimento do senso crítico na questão das escolhas e os pressupostos relativos às potencialidades e responsabilidades delas decorrentes.

Conteúdo

- Identificações e formação da identidade
- Liberdade e compromisso
- Importância das escolhas
- As potencialidades na escolha

TERCEIRO ANO

Objetivos

Desenvolver nos alunos a conscientização para a importância da escolha profissional com base em sua essência enquanto ser, visando clarificar os caminhos que levam a uma escolha madura, buscando possibilitar a realização profissional futura e o fortalecimento do compromisso enquanto agentes transformadores da sociedade.

Refletir com os jovens sobre os fatores intervenientes que afetam a tomada de decisão no que tange à escolha da profissão.

Conteúdo

- A adolescência como fase de estruturação para ser adulto

- A formação da identidade adulta
- A formação da identidade profissional
- A identidade e o papel profissional como agentes de mudança na sociedade
- Esclarecimentos sobre cursos superiores

Modificações visando o aperfeiçoamento

A partir da prática do trabalho com o terceiro colegial, concluímos ser o momento do segundo colegial mais adequado para apresentarmos aos interessados as profissões de nível superior que o mercado oferece, as faculdades existentes, as matérias que irão cursar e no que poderão trabalhar em cada profissão. Buscamos informar e propiciar ao jovem a reflexão do que é um curso superior e o exercício de uma profissão. Assim, trabalhamos atualmente com o segundo colegial os objetivos aqui expostos para o terceiro colegial. Com base nessa modificação, pensamos em oferecer para o terceiro colegial a Orientação Profissional dentro da estratégia clínica, pelo trabalho com pequenos grupos, para aqueles alunos que ainda desejarem aprofundar o questionamento quanto à escolha profissional.

Metodologia

Utilizamos a metodologia de:
- Exposição dialogada
- *Role-playing*
- Dinâmicas de grupo
- Discussão em pequenos grupos

Número de participantes

Os grupos são formados por até 25 alunos. Caso haja excedentes, a classe é dividida eqüitativamente.

Avaliação

No último encontro de cada grupo, os alunos avaliam individualmente e por escrito o trabalho desenvolvido, discutindo, depois, no sentido de obterem a percepção grupal sobre os resultados.

Duração

Quatro encontros de duas horas por grupo.

Relatório

Com base nas observações dos profissionais e na avaliação dos alunos, é elaborado um relatório a ser discutido com os responsáveis pelas escolas.

Módulo 2

Destinado a profissionais da educação, visa a elaboração da identidade profissional de quem trabalha com crianças e adolescentes, e o conhecimento mais profundo — ao nível psicológico — da população com que estão trabalhando.

Observamos a falta de embasamento teórico do educador, formado em cursos de Magistério e Pedagogia, no que tange à compreensão da dinâmica evolutiva da criança e do adolescente, base que daria o suporte para um convívio diário voltado para a orientação da problemática dessas fases, em geral, e para a questão da escolha da profissão, inserida na etapa da adolescência.

Para preencher essa lacuna são oferecidos cursos visando aperfeiçoar o trabalho do educador, de acordo com a demanda da escola, até o presente momento, sobre:

- Psicologia evolutiva
- Distúrbios de aprendizagem
- Adolescência e escolha da profissão

O objetivo deste trabalho é de que o educador possa perceber o aluno mais amplamente e com maior autonomia, bem como auxiliar o jovem em suas questões como ouvinte e orientador, e não como autoridade distante.

A metodologia utilizada é de:

- exposição dialogada
- dinâmica de grupo

A duração varia de acordo com o tema proposto, numa média de vinte horas por tema, distribuídas de acordo com as possibilidades dos profissionais de cada escola.

Módulo 3

O trabalho deste módulo realiza-se em palestras seguidas de debates com os pais de alunos da sétima e oitava séries e pais de alunos do colegial, em diferentes momentos para os do primeiro e os do segundo graus.

Objetivos

Elucidar os pais de alunos da escola sobre a fase da adolescência, vinculada à importância de uma escolha profissional consciente, baseada no autoconhecimento e num nível de informação das possibilidades objetivas abrangentes, como alicerce para uma vida futura mais feliz.
Orientar os pais na relação com os filhos.

Conteúdo

PARTE 1 — Adolescência

- Transformações físicas e psíquicas;
- Síndrome normal da adolescência;
- O uso de drogas.

PARTE 2 — O adolescente e a sociedade

- Aspectos psicossociais: os grupos;
- O "querer viver";
- O adolescente como crise da sociedade;
- O adolescente do ano 2000.

PARTE 3 — A escolha da profissão

- Possibilidades criadas para o autoconhecimento;
- Descoberta das possibilidades e motivações frente à realidade;
- O assumir a situação da realidade individual e chegar à escolha responsável;
- A escolha da profissão por identificação;
- A importância da consciência e da autonomia;
- As influências da família e do meio social;
- O trabalho da orientação profissional num enfoque clínico existencial.

Resultados dos módulos 1 e 3

Esses dados não constaram na apresentação do trabalho na conferência da AIOSP/IAEVG, uma vez que não haviam sido compilados.

Decidimos divulgar os resultados dos módulos I — alunos — e III — pais — enquanto parciais, ou seja, no nível da reação dos participantes, obtidos na decorrência dos debates e imediatamente após os encontros (módulo I, por meio de registros individuais, por escrito).

Os resultados referentes ao módulo I se restringem ao trabalho com oitava série e segundo colegial, momentos em que é abordada especificamente a conscientização para a escolha da profissão, guardadas as particularidades de cada um desses momentos: oitava série voltada para a escolha do segundo grau e segundo colegial com vistas mais diretas à futura ocupação.

Cabe salientar que os conteúdos referentes ao segundo colegial aqui apresentados foram colhidos após a prática modificada — citada no subtítulo "Modificações visando o aperfeiçoamento".

Procuramos sintetizar as avaliações em grupos de idéias coincidentes e mais freqüentes, sendo elas:

OITAVA SÉRIE

• uma integração do momento de vida dos participantes, em que puderam perceber-se nos seus diversos papéis desse momento de vida — adolescência —, propiciando uma identificação e o rebaixamento das ansiedades quanto à escolha urgente da ocupação futura e outros desempenhos que, direta ou indiretamente, lhes são cobrados;

• um maior discernimento na escolha do colegial a cursar, a partir de uma percepção de si mesmos mais aprofundada como determinante para a escolha profissional futura;

• um forte engajamento afetivo com o trabalho realizado e uma identificação com as coordenadoras, gerando uma credibilidade em si mesmo e nesse tipo de proposta.

SEGUNDO COLEGIAL

• os encontros foram válidos como ajuda para uma escolha consciente e madura, que propiciará um assumir a profissão com maior responsabilidade e engajamento;

• houve aprendizado de que é possível criar novas formas de exercer a profissão dentro de uma ética e padrões mais adequados,

apesar de todas as dificuldades objetivas que o mundo do trabalho nos apresenta hoje, frente à realidade brasileira;
• foi percebida a possibilidade de associar e valorizar aspectos psicológicos na escolha da profissão, tais como identificações, facilidades pessoais, gosto e "dom";
• foi possível sentir a importância da interação entre os colegas nas questões da escolha da profissão, pela riqueza que a percepção de cada um traz;
• houve ajuda para a decisão da escolha profissional;
• houve a constatação da importância de não necessariamente decidir agora quanto a que profissão seguir, mas que seja uma escolha consciente e com base na identificação do indivíduo com a ocupação.

Como avaliação dos pais propomos a nossa percepção da reação por eles manifesta na intercorrência dos debates, ocorridos após nossa exposição de conteúdos. Como mais significativas temos:
• dúvidas sobre o comportamento de pais e filhos durante a adolescência e suas relações, denotando a insegurança de como agir numa sociedade mais permissiva e contrastante com os valores nos quais se formaram;
• uma disponibilidade em adaptar-se aos novos valores que os filhos representam, sem perder a noção do limite e dos papéis de mãe e pai, numa busca de orientação que propicie maior segurança frente à problemática do filho adolescente;
• uma resistência em adaptar-se à dinâmica do adolescente e uma imposição autoritária, numa busca de fortalecimento para sua postura;
• o sentimento de alívio e integração entre os pais frente à generalização do comportamento do adolescente, quando a troca de experiências evidencia o que é comum nessa fase da vida de seus filhos;
• o comprometimento com a escolha profissional dos filhos na fase da adolescência e a importância da sua participação enquanto pais que apóiam e orientam;
• a cobrança de uma escolha profissional definida e/ou imediata do filho, por pais ansiosos, o que denota uma projeção encoberta por "interesse, experiência ou saber".

Observações e Conclusões

A partir da intercorrência das propostas realizadas com alunos, profissionais da educação e pais, constatou-se fundamentalmente:

• o despreparo no nível emocional e do conhecimento objetivo dessas três populações, sobre o que seja trabalho e profissão desde o sentido mais abrangente até o mais restrito, centrando primordialmente esses conceitos na necessidade da sobrevivência individual e do ganho financeiro imediato;

• o desprezo pela auto-realização como fator relevante para a escolha da ocupação em detrimento do imediatismo e da ânsia pelo ter;

• a instabilidade econômica e sócio-política do Brasil contemporâneo reforça a atemporalidade e o imediatismo típicos da adolescência, gerando uma busca de ocupação com vistas ao presente, desconsiderando a perspectiva de futuro;

• essa mesma instabilidade promove um comportamento semelhante na população adulta socialmente ativa, com a qual o adolescente se identifica, cuja insegurança gera sentimento de frustração, decepção e obrigação frente ao trabalho;

• a impossibilidade objetiva e subjetiva dos educadores e pais, que não correspondem, como maioria, no atual contexto brasileiro, ao modelo de profissional idealizado para si mesmos e para seus filhos e alunos;

• não existe correspondência entre os currículos escolares e a vida cotidiana, desestimulando a aprendizagem e a integração dos conhecimentos ao futuro ocupacional dos jovens;

• o grau de alienação das populações adulta e adolescente quanto à prática de reflexão e crítica do próprio eu e da problemática social, no que tange ao exercício da cidadania e do compromisso com a sociedade que o trabalho encerra, alienação essa reforçada pelo consumismo compulsivo como forma de compensação das suas frustrações.

Em perspectiva

As conclusões possíveis e ainda parciais, a partir da prática do trabalho com as populações de alunos, profissionais da educação e pais levam à confirmação das premissas da proposta inicial, numa amostra ampliada de contextos escolares, bem como à necessidade de que sejam traçadas estratégias para que um universo maior de adolescentes e adultos possa ter a oportunidade de vivenciar a reflexão e a discussão sobre as questões da educação e da escolha profissional.

Na verdade, esta constitui uma proposta nova. Embora se exerça a orientação vocacional no Brasil, ela ainda atinge apenas uma minoria de jovens e adultos, sendo a estratégia clínica desconhecida da grande maioria, que associa essa prática unicamente a métodos estatísticos — uso de bateria de testes vocacionais. Em instituições escolares públicas ela não existe, e em escolas particulares sua incidência é mínima.

A proposta do Instituto do Ser está inserida num compromisso sócio-político, uma vez que obedece à concepção de que a escolha da ocupação deve estar impregnada de possibilidades para que o indivíduo se realize em todos os sentidos e se comprometa a construir uma sociedade melhor, cujas mudanças, no caso do Brasil, são urgentes.

Para isso, ele deve necessariamente se permitir a reflexão e a troca com o ambiente onde se insere, bem como pesquisar profundamente as suas possibilidades e as do contexto.

É o que tem acontecido: não é sem resistências que se trabalha nessa proposta, mas é com muita ressonância e surpresa que essa possibilidade é recebida por aqueles que, embora não a exerçam, a valorizam quando vislumbram a chance de praticá-la.

Assim, há muito para fazer e muito para aprender. É com otimismo, criatividade e engajamento intelectual e emocional que propostas como esta atingirão uma maioria de brasileiros, até que haja uma transformação radical, em conjunto com outras ações, no sistema educacional do país. Esta se constitui numa proposta, dentre tantas outras, que pode somar até que uma mudança qualitativa aconteça.

PARTE II

CONTEXTOS

10
ESCOLHA PROFISSIONAL E ATUALIDADE DO MERCADO DE TRABALHO

Kleber Prado Filho

Não há dúvidas quanto ao fato de que a psicologia atual, anos 90, necessita de uma urgente revisão das suas práticas predominantes — mas, é lógico, a questão não se limita ao terreno da prática, estendendo-se ao próprio campo teórico ou do conhecimento psicológico. Partindo do estreito imbricamento teoria/prática, o que se percebe é que os procedimentos psicológicos predominantes fundamentam-se em concepções teóricas desatualizadas, que se têm mostrado incapazes de acompanhar os fluxos rápidos e descontínuos a que se encontra submetido o homem contemporâneo, não conseguindo responder satisfatoriamente aos quadros de angústia, ansiedade, insegurança, infelicidade coletiva ou mesmo de "doença mental" que assolam as modernas sociedades urbanas e industriais. Essa "incompetência social", essa dificuldade de acompanhar as demandas cotidianas estende-se por quase todo o campo de aplicação do conhecimento psicológico: nas instituições, organizações, escolas, hospitais, grupos, clínica tradicional, etc., existe muita reprodução social sendo exercida nesses espaços, constituindo aquilo a que estou me referindo como "prática psicológica predominante". A questão é profunda, e a psicologia não conseguiu passar incólume pelo mal do século — a crise da modernidade.

A orientação profissional, como um importante campo prático da Psicologia, não escapa a essa problemática mais ampla, e é dessa questão que nos ocuparemos basicamente aqui — uma reflexão a respeito das práticas predominantes da Psicologia no terreno da orientação profissional, procurando um cruzamento em relação à atualidade do mercado de trabalho, considerando que esse deve ser um dos principais fatos a se levar em conta num processo de orientação, uma vez que, numa sociedade terceiro-mundista como a nossa, a esmagadora maioria das pessoas busca a universidade em particular, e a educação formal em geral, como possibilidade de ascensão social via projeto de profissionalização. Torna-se importante esclarecer que este texto não tem a pretensão de fazer uma análise exaustiva da questão, nem se fundamenta em pesquisa sistemática — as análises e conclusões que aqui se apresentam são resultado de observação material direta, um contato direto com informações e realidades do mercado cotidiano de trabalho, nas organizações ou fora delas, na sociedade — no urbano e tecnológico fluxo que predomina neste nosso capitalismo tardio. Também por uma questão de espaço, não estaremos tratando aqui de aspectos mais abrangentes em relação ao tema, como questões de natureza pessoal mais profunda, próximas da psicoterapia, ou uma crítica social e política mais ampla — porém, se esses fenômenos não serão objeto direto desta análise, permanecem como horizonte de reflexão para o trabalho.

Apenas como um *flash* — diante de uma atualidade de mercado de trabalho em rápida mutação, engrenado em uma realidade industrial/tecnológica em vertiginosa aceleração, como se colocam as práticas predominantes da orientação profissional, como um instrumento social de inserção das pessoas no mundo produtivo do trabalho? Que respostas oferece a Psicologia às inseguranças e expectativas, pessoais e sociais, daqueles que buscam uma entrada eficiente num mercado onde as oportunidades são submetidas a severos cálculos de racionalidade econômica?

Pois bem, a quais práticas de orientação profissional nos referimos aqui?

Verifica-se historicamente que a orientação profissional no Brasil se introduz através dos "Serviços de Orientação", como centros de pesquisa, desenvolvimento de técnicas e instrumentos, ainda, como centros de divulgação e distribuição do material utilizado na avaliação psicológica do orientando. Posteriormente, se multiplica nas escolas públicas e privadas de nível médio, nas universidades, nos consultórios, nas "clínicas". A prática tradicional se faz pela utilização dos exames psicológicos como instrumentos de mapeamento de características e aptidões, traduzido em um diagnóstico que cruza dados referentes a "potencial individual" com campos de trabalho/profissões. Realiza-se habitualmente uma ampla testagem de aptidões psicológicas, levantamento de potencial intelectual, caracterização de "personalidade", levantamento de interesses, levantamento sócio-econômico-cultural, uma etapa de informação profissional — devidamente mesclados por entrevistas psicológicas estrategicamente dispostas ao longo do processo. O resultado dessa avaliação é um prognóstico conclusivo que orienta indicando profissões ou campos de trabalho mais compatíveis com tais "características de personalidade" + potencial intelectual + expressão de interesses. Essa prática se fundamenta no discurso das "aptidões", da quantificação, dos "traços de personalidade", que, por sua vez, reproduz a ideologia do "profissional eficiente", "o mais apto", "o bem-sucedido" — oferece aos "melhores" as "melhores carreiras".

Há de se considerar também o contexto onde tudo isso ocorre — à revelia de toda uma legislação, praticamente inexiste no Brasil uma profissionalização em nível médio. As camadas populares não têm acesso à educação, especialmente à universidade pública e gratuita; ensino de má qualidade — quem não tem acesso a uma realidade não pode desenvolver "habilidades" em relação a ela, portanto, extensos segmentos da sociedade ficam privados de uma qualidade de vida exclusiva dos doutores, dos informados, dos cultos — leia-se, dos que tiveram acesso. Desse modo, o cliente típico de um processo de orientação profissional é o jovem que conseguiu acesso ao ensino médio e, sem chances de uma profissionalização satisfatória a esse nível, aspira a uma "profissão de nível superior". Resta agora o desafio do vestibular — aqui fala mais alto aquele poder aquisitivo que puder comprar o melhor ensino; a compensação do ensino de má qualidade com um cursinho preparatório + tempo para estudar e se preparar para a maratona. É lógico que esse é apenas o cliente típico da orientação profissional. Existem outros — os que estão re-optando; os que se sentem desadaptados; os que estão buscando uma segunda profissão; os que buscam cultura. Enfim, são muitos os caminhos que trazem a essa importante decisão, porém, as portas se abrem para poucos.

Também o clima no qual se processa essa escolha é relevante — existe muita tensão, ansiedade e insegurança nesse momento de vida. Há muita pressão por definição, da parte da família, dos amigos, há, sobretudo, muita expectativa social e da própria pessoa sobre si mesma. A situação tende a ser sentida como definitiva — essa decisão de escolha profissional influenciará toda a sua vida futura e determinará o seu *locus* de inserção na sociedade. Tudo isso sobre o inexorável pano de fundo da competição capitalista.

Pois bem, que bases de realidade mantêm hoje as práticas usuais de orientação profissional?

Talvez se possa responder que sejam bem poucas! É lógico que existem práticas que escapam a essa crítica — existem trabalhos sérios sendo desenvolvidos na área, que ultrapassam, e muito, a reprodução da ideologia das aptidões, o uso de instrumentos tradicionais, quantitativos, de orientação da escolha, e outros tantos que se destacam pela qualidade da informação profissional e pela ágil visão de mercado de trabalho — mas, isso não é aquilo a que nos referimos aqui como "prática predominante", e retornaremos a esses procedimentos alternativos, minoritários, mais adiante. Porém, a verdade é que, majoritariamente, os procedimentos habituais de orientação profissional têm pequenas bases de realidade por vários motivos. Sem a menor pretensão de esgotar o assunto, podemos destacar, por um lado, a pequena crítica social e política do processo tradicional em relação à reprodução social levada a efeito por seus instrumentos ideologicamente contaminados, e, por outro, a falta de contato com a dinâmica realidade do mercado de trabalho, levando a distorções no resultado do processo.

Defrontamo-nos, então, com a questão da atualidade do mercado de trabalho e as implicações do ritmo contemporâneo da realidade produtiva num processo de escolha profissional. Para início de reflexão — a questão se coloca na difícil interface entre sistema educacional, que forma a mão-de-obra, e estrutura industrial, que delimita espaços e práticas ocupacionais. É quase desnecessário apontar a enorme distância que existe no Brasil entre escola + formação profissional x necessidades do mercado de trabalho. Também torna-se praticamente desnecessário destacar a diferença de ritmo a que estão submetidas essas duas realidades — o lento ritmo das transformações sociais observado nas instituições de ensino, especialmente públicas, em contraposição ao vertiginoso ritmo tecnológico que domina a estrutura produtiva, provocando mudanças e descontinuidades sucessivas no mercado de trabalho.

Talvez o fenômeno mais marcante que se observe em relação a essas transformações no mercado de trabalho se refira à desestruturação das profissões enquanto espaços ocupacionais bem delimitados, com firme definição de campo de atuação e de procedimentos práticos. O Brasil assistiu durante os anos 70 e, especialmente nos 80, a uma gradativa corrosão das bases tradicionais da maioria das profissões, com significativos reflexos no mercado de trabalho, decorrentes da introdução de novidades tecnológicas na produção. Os desenvolvimentos da indústria eletrônica, a informática, a robótica, como tecnologias de ponta rotinizadas no nível da grande produção, causam impactos que ultrapassam em muito os limites da estrutura produtiva, apresentando extensões consideráveis em termos sócio-políticos. A viabilização de possibilidades como universalização e imediaticidade da comunicação, explosão da capacidade de processamento das informações e a brutal aceleração do ritmo produtivo potencializando a capacidade de autoreprodução tecnológica, entre outras, constitui fatos e provoca mudanças irreversíveis não só na vida coletiva, mas na realidade social como um todo. Desnecessário dizer que o mercado de trabalho, como conglomerado dos espaços ocupacionais para a classe trabalhadora, encontrase na base dessa relação/vida social, sofrendo profundas transformações.

O fenômeno anteriormente referido, de transformações profundas verificadas no nível das ocupações/profissões, nada mais é que uma manifestação particular, reflexo, dessa realidade mais ampla.

Assim, tem-se assistido contemporaneamente a uma rápida sucessão de transformações nas profissões, que extingue umas, cria outras, revoluciona outras tantas e relega algumas à obsolescência e agonia. Cumpre ressaltar que essas transformações não se limitam a alterações nas rotinas e procedimentos característicos dessas ocupações, mas implicam ganhos ou perdas de poder e prestígio perante a sociedade, extinguem possibilidades ao mesmo tempo que criam novas oportunidades, apresentando ainda extensos reflexos em termos econômicos.

Pois bem, essa recodificação dos espaços ocupacionais exige constante e dinâmica atualização — estariam os orientadores profissionais "tradicionais", nas barreiras institucionais das escolas ou no confinamento dos seus consultórios, atentos e sincronizados com tais fluxos? É muito (com)provável que a resposta seja não!

A realidade de mercado não permite hoje que se trabalhe com grandes categorias como engenharia, pedagogia, sociologia ou administração de empresas — a grande maioria das profissões "sobreviventes" apresenta contemporaneamente nuances e especialidades que ultrapassam em muito esses grandes enquadramentos. Também não é ainda suficiente que se entre no nível das especialidades reconhecidas (engenheiro eletricista, mecânico, eletrônica, etc.) — a realidade de trabalho faz com que surjam atravessamentos como engenheiro de processos, de produção, de segurança, de projetos, entre outros, que fogem totalmente ao mapeamento habitual. O mesmo se dá no campo das "medicinas", hoje superespecializado e díspar nas suas práticas; nas "psicologias", considerando suas várias possibilidades de inserção no universo do trabalho; ou mesmo no campo da administração de empresas, onde se pode observar uma verdadeira "explosão" de práticas com características bastante diversificadas entre si.

No que se refere às novas profissões, mais uma vez, a aplicação dos desenvolvimentos da eletrônica, a explosão das comunicações e a universalização do emprego da informática não apenas criam novos espaços ocupacionais claramente definidos, como também introduzem constantemente novos equipamentos, instrumentos e novas rotinas nas profissões já existentes. Possibilidades de desenvolvimento de atividades via computador, a incontável oferta de disponibilidades no terreno da telecomunicação, a proliferação da produção de novos equipamentos, a multiplicidade de recursos eletrônicos, como a miniaturização e outros tantos, são apenas ilustrações das afirmativas anteriores. Ainda no terreno das novidades ocupacionais, convém notar que as necessidades sociais geram ainda campos de conhecimento/prática bastante incomuns; exemplo: biologia marinha, oceanografia, engenharia genética, engenharia sanitária, ecologia, etc., que no mais das vezes estão fora do foco de uma orientação típica.

Mais uma vez, contextualizando, uma tendência social atual de extrema importância para a análise da contemporaneidade do mercado de trabalho diz respeito ao fenômeno claramente observável da gradativa diminuição dos espaços ocupacionais autônomos, tipo "profissão liberal"; estes vêm se institucionalizando paulatinamente, inserindo-se em práticas organizacionais. Como decorrência, observa-se o crescimento da importância social das organizações em geral, como catalisadoras da produção social, e as conseqüências disso em termos de uma prática profissional contextualizada.

Se este pode ser aceito como um mapeamento rápido da multiplicidade e complexidade das questões de escolha profissional x mercado de trabalho hoje, então como pode a ideologia das aptidões continuar a proceder o seu clássico emparelhamento de raciocínio + habilidades + destreza + atitudes x universo de trabalho?

Pois bem, quando se colocam críticas nesses termos, talvez possamos ser levados a argüir sobre a própria relevância da atividade — quanto à sua "utilidade social".

Seria a Orientação Profissional uma atividade socialmente relevante? Não há dúvida que sim — as distorções provocadas por uma prática dominante inadequada não podem ser os únicos parâmetros de avaliação para a invalidação de todo um campo de práticas. Torna-se mais importante ainda, numa realidade social como a nossa, na qual o sistema educacional como um todo não assume organicamente a sua responsabilidade em termos de orientação da escolha profissional dos seus próprios educandos. Na realidade, a Orientação Profissional é parte do processo de educação, o que significa que a escolha deveria estar organicamente inserida na formação do estudante — deveria deixar de ser uma etapa estanque de decisão, para se integrar ao processo educacional como informação profissional, como discussão coletiva, como atividades práticas, mescladas ao longo da formação mais ampla. A escolha profissional é um fato socialmente significativo porque define a vida das pessoas, condiciona a sua inserção social, forma quadros de competência no nível da produção e favorece engajamento na relação homem x trabalho — não é por nada que desajuste profissional pode ser considerado hoje "fator epidêmico" no universo produtivo. Não pode haver dúvida, então, quanto ao fato de que a Orientação Profissional se constitui num importante campo de práticas socialmente relevantes — não se trata aqui, portanto, da sua extinção, mas do seu redimensionamento.

Enquanto prática psicológica, seria desejável que a Orientação Profissional perdesse a sua conotação literal "orientativa", diretiva, para se assumir como processo de escolha do orientando — isso não é original — a escolha sugere muito mais autodefinição que a orientação. Por isso, entendemos ser o termo escolha profissional muito mais adequado para designar esses procedimentos que o "clássico" orientação profissional. Assim, quanto à postura, o orientador de um processo de escolha, diversamente do orientador de um processo de orientação, deve facilitar o envolvimento máximo possível do orientando com a sua problemática material, social, pessoal, gerando responsabilização pela sua própria decisão. Isso significa que o processo de escolha deve-se constituir de maneira fenomenológica, trabalhando fatos e questões reais para o orientando, ultrapassando o "laboratório das aptidões e potenciais". Além de facilitar a compreensão de aspectos de natureza psicológica envolvidos na escolha, essa prática deve ainda considerar aspectos de natureza social, política, econômica, tecnológica, etc., contextos fundamentais como: atualidade de mercado de trabalho e contemporaneidade da dinâmica das profissões. Deve então, além de trabalhar com sentimentos, ansiedades e expectativas do orientando, contemplar demandas referentes a fenômenos de poder, aceleração tecnológica, flutuações de mercado — deve possibilitar flexibilidade adaptativa e integradora.

No nível dos procedimentos técnicos, deve-se operar em grupos, desenvolvendo-se técnicas situacionalmente flexíveis, utilizadas na vivência dos discursos e do imaginário do grupo tal como se apresenta, deve-se estimular a troca de experiências, a vivência do outro, a autonomia do grupo e dos participantes. Deve-se, ainda, priorizar a informação profissional, a pesquisa de profissões, o conhecimento das realidades de trabalho *in loco*, e a utilização de atividades práticas e dinâmicas na sondagem do até então indecifrável universo do trabalho.

Assim, repensados conceitos e procedimentos, entendemos que a psicologia cumpre melhor seu papel em relação aos processos sociais de escolha profissional e inserção de novos agentes no mercado de trabalho. Apesar das críticas aqui levantadas, percebe-se uma crescente preocupação em relação à superação dos parâmetros clássicos da orientação, destacando-se na área trabalhos criativos e sensíveis à atualidade dos fatos, como novas e múltiplas possibilidades de abordagem do tema. Já não era sem tempo!

11
SUBJETIVIDADE E TRABALHO

Maria Chalfin Coutinho

"Se não trabalhamos morremos e se trabalhamos morremos igualmente."
GUILHERME, 7 anos.

Escolha profissional é o momento em que o sujeito reflete e articula seu projeto profissional, buscando assim determinar a trajetória de sua futura relação produtiva com o mundo. Não pretendo neste capítulo dizer dessa escolha, como é e como pode ser feita (esse tema é tratado em outros capítulos deste livro); mas dizer desse sujeito, quem ele é, como é construído e como constrói este mundo. Dizer também deste mundo regido por relações sociais, políticas, econômicas, enfim, relações de produção: mundo do trabalho, onde esse sujeito viverá o seu projeto.

Pretendo aqui percorrer brevemente um caminho que nos ajude a refletir sobre a relação entre o mundo subjetivo (do sujeito) e o mundo objetivo (do trabalho). Considero que essa relação é fundamental para quem escolhe, já que "...o homem poderá escolher dentro de um leque de opções que lhe são oferecidas pela sua situação de vida..." (Soares, 1988, p. 17).

Quem é esse sujeito?

Eis aqui uma intrigante e polêmica questão, a questão da identidade. Será que: "Nós nos tornamos algo que não éramos ou nos tornamos algo que já éramos e estava como que 'embutido' dentro de nós?" (Ciampa, 1985, p. 61).

Essa é uma antiga discussão entre as diversas correntes psicológicas: hereditariedade x meio, aprendizagem x desenvolvimento, apriorismo x empiricismo. Essas discussões teóricas podem se expressar no cotidiano pelo questionamento dos jovens no momento da escolha profissional:

"Acho que eu tenho dom para ser artista, devo ser? Ou devo ser advogado como meu pai e trabalhar com ele?"

Esses questionamentos nos remetem à dúvida antiga: sucesso profissional depende de vocação (como algo pronto) ou de possibilidades concretas de desenvolvimento em uma profissão?

Entendo que a saída para essas questões só pode ser encontrada à medida que se busque compreender o sujeito e o mundo numa relação dialética. Deve-se abandonar as velhas relações de causa e efeito, do tipo: "quem veio primeiro, o ovo ou a galinha?". E pensar num sujeito que existe dentro de determinadas relações sociais, não sendo possível compreendê-lo abstratamente nem compreender essas relações sem os sujeitos que as compõem.

Aquilo que o sujeito faz no mundo o identifica: "... é pelo agir, pelo fazer, que alguém se torna algo: ao pecar, pecador, ao desobedecer, desobediente, ao trabalhar, trabalhador" (Ciampa, 1985, p. 64). O sujeito é o que faz, sendo determinado por aquilo que ele pode ser a partir de sua subjetividade construída nas suas relações objetivas com o mundo. Entendo aqui subjetividade como o "mundo interno" produzido ativamente pelo sujeito a partir de suas interações com o "mundo externo".

Pensar subjetividade como um processo de contínua produção nos tira do imobilismo de acreditar que o indivíduo é aquilo para o que nasceu (conforme seu dom ou vocação) ou de acreditar que se nasce como uma folha em branco totalmente moldada pelo social.

Essa compreensão da construção da subjetividade abre espaço para se pensar não em individualidades, mas em singularidades como unidades em contínua transformação e relação com o mundo.

A partir daí podemos pensar que um jovem (como o que levanta as questões anteriores) será advogado ou artista conforme as possibilidades concretas diferentes de expressar através de suas potencialidades. Do mesmo modo, uma bailarina clássica e uma porta-bandeira têm possibilidades concretas de se expressarem através de seus movimentos e sua arte, suas singularidades. Qualquer dom ou vocação, ou seja, as potencialidades que alguém possa ter, se constroem a partir de relações sociais concretas, relações essas regidas pelo mundo do trabalho.

O mundo do trabalho

A profissionalização faz com que as pessoas passem a participar diretamente do mundo do trabalho, deixando de ser apenas consumidores para ser também produtores. Mas, afinal, o que é trabalho? Será que foi sempre desse jeito?

Muita gente já tentou responder a essas questões. Vou apenas sintetizar algumas idéias que considero importantes sobre o assunto.

Classicamente se define trabalho como toda ação sobre a natureza com o objetivo de transformá-la de acordo com uma necessidade. Por exemplo: o homem primitivo sentia fome, saía e caçava um animal para comer. Um leão faminto também faz a mesma coisa, não? Então, qual a diferença entre o trabalho humano e o trabalho animal?

O animal executa atividades instintivas para suprir suas necessidades, enquanto o homem é capaz de planejar sua ação antes de executá-la, "... o trabalho como atividade proposital, orientada pela inteligência, é um produto especial da espécie humana. Mas esta, por sua vez, é um produto especial desta forma de trabalho. 'Ao agir sobre o mundo externo e transformá-lo, ele ao mesmo tempo modifica sua própria natureza', escreveu Marx" (Braverman, 1987, p. 52).

Toda a evolução humana, desde o caçador primitivo até o homem atual, capaz de criar modernas formas de produção automatizadas, se deve a esse processo contínuo de mútua determinação: homem-natureza. Essa evolução acontece porque o homem é capaz de fixar e transmitir às gerações seguintes os produtos do seu trabalho, ou seja, a cultura material e intelectual que foi capaz de produzir.

Até aqui estive contando a evolução do homem, e como através do seu trabalho ele foi capaz de atingir o progresso atual. No entanto, essa história tem um outro lado: se o homem foi capaz de tal evolução, por que nem todos têm igual acesso aos produtos da cultura material e intelectual? Por que esse progresso foi alcançado em benefício de poucos à custa do sacrifício de muitos?

Vamos ao outro lado da história. Como já coloquei, o homem é o único animal capaz de planejar sua ação antes de executá-la. Nos animais, o instinto motiva a ação, sendo ambas, motivação e execução da atividade, inseparáveis. No homem, a "... unidade de concepção e execução pode ser dissolvida. A concepção pode ainda continuar e governar a execução, mas a idéia concebida por uma pessoa pode ser executada por outra" (Braverman, 1987, p. 53). Com isso criam-se dois tipos de homens: aqueles que planejam e aqueles que apenas executam o trabalho. Onde aquele que planeja o faz, não porque seja mais "apto", mas porque detém o poder econômico (meios de produção) e onde quem apenas executa (vende sua força de trabalho) o faz justamente pela ausência desse poder.

Surge assim o processo de trabalho alienado, pelo qual o homem se desumaniza, deixando de ser um sujeito que se identifica pelo seu trabalho, e se torna um objeto (mercadoria) a serviço de outros, que se beneficiam (lucram) com o seu trabalho. Abre-se espaço, assim, para uma evolução humana, desumana na verdade, na medida em que é o progresso de alguns e o retrocesso da maioria, que não tem acesso à maior parte dos produtos e benefícios dessa evolução.

Neste momento deve-se repensar o conceito de escolha profissional, entendendo-a como um processo que permitiria ao sujeito refletir sua relação com o mundo do trabalho, optando por caminhos que o levem no sentido de sua própria humanização. Essa humanização é possível na medida em que aquele que escolhe busca compreender sua inserção social e o importante papel que o mundo do trabalho desempenha na construção de sua subjetividade.

Subjetividade e trabalho

Estive até agora procurando demonstrar a importância do trabalho na construção da subjetividade humana e como determinados tipos de relações de trabalho podem levar o homem à desconstrução dessa subjetividade.

O trabalho tem um papel mediador entre o mundo subjetivo (do sujeito) e o mundo objetivo (real, concreto). Pelo trabalho o homem se apropria do mundo objetivo, transformando a si mesmo, ou seja, construindo-se ao mesmo tempo que transforma o real.

Como já disse anteriormente, o homem é aquilo que faz, portanto não podemos falar do "Homem" de forma abstrata, mas devemos falar de homens reais concretos, que se realizam como sujeitos na medida em que são capazes de construir e executar projetos de vida que permitam uma relação humanizadora com o mundo objetivo, mediada pelas relações de trabalho.

Neste momento considero importante resgatar o conceito de alienação. Nas relações de trabalho desenvolvidas dentro do modo capitalista de produção, o trabalhador é obrigado a vender sua força de trabalho, transformando-se, da mesma forma que o produto do seu próprio trabalho, em mercadoria. Temos aí o processo de alienação, pelo qual se retira do trabalhador o produto do seu trabalho, que passa a enfrentá-lo como algo estranho. "... O homem alienado é um homem desprovido de si mesmo" (Codo, 1986, p. 8).

A alienação faz com que o homem perca sua própria identidade. Nesse tipo de relação produtiva o trabalho deixa de cumprir o papel de mediador entre o mundo subjetivo e objetivo. Ao contrário, ocorre a separação entre o sujeito e o seu objeto de trabalho. "... A alienação separa o homem do produto do seu trabalho, de seus companheiros e finalmente de si mesmo" (Berger, 1983, p. 16).

Essa perda da identificação pelo trabalho tem sérias conseqüências para os trabalhadores. Existe hoje uma série de estudos que buscam estabelecer relações entre trabalho e saúde mental. Alguns desses estudos têm "... procurado desenvolver a hipótese de que o trabalho teria função determinante, embora não exclusiva, nos distúrbios mentais" (Codo, 1988, p. 21).

Dejours (1988) tem desenvolvido importantes estudos sobre psicopatologia do trabalho, investigando o impacto da organização do trabalho sobre o aparelho psíquico. Esse autor considera que o trabalho pode gerar sofrimento psíquico e, dependendo da estrutura mental do trabalhador, poderia levar à doença mental. O trabalho não é a causa, mas pode ser um fator desencadeante de distúrbios mentais.

Vários estudos têm demonstrado como determinadas categorias profissionais são afetadas, cada vez mais, por problemas psicológicos e psicossomáticos. Seligmann Silva (1988) refere-se a estudos feitos com a categoria dos bancários a partir da constatação do aumento dos distúrbios psiquiátricos como causa dos afastamentos por doenças.

O trabalho bancário é um exemplo crítico de como a modernização cada vez mais gera ocupações em que o trabalho vai perdendo o significado. A falta de significado e a impossibilidade de identificação com o trabalho canalizam as perspectivas de identificação do trabalhador para a vida privada. Temos aí o retorno às individualidades, perdendo-se o sujeito enquanto singularidade inscrita no coletivo pela mediação do trabalho.

Infelizmente, essa perda do significado do trabalho não se restringe a determinadas ocupações, mas atinge cada vez mais todas as atividades profissionais. Esse processo é resultado da modernização, que visa apenas a produtividade e o lucro, em detrimento do bem-estar da maioria da população. Mesmo profissões tradicionais, como, por exemplo, a de médico, têm um significado completamente diferente hoje: não podemos comparar um médico empregado de um grande hospital, que atende a centenas de pessoas sob condições precárias, com o médico tradicional, com o seu consultório e clientes conhecidos. Considero importante o resgate dessas questões sobre trabalho e subjetividade como um suporte teórico para uma intervenção nos processos de escolha profissional. Pensando naquele que escolhe como um sujeito com sua singularidade produzida no mundo objetivo e com (im)possibilidades concretas. Com isso não quero dizer que o processo de escolha deva sujeitar-se às determinações concretas, mas que somente compreendendo essas determinações é possível, de fato, escolher e, quem sabe, até transformar.

Bibliografia

Abrahão, J. (1991). *Curso de psicopatologia do trabalho*, XXI Reunião Anual da SPRP, out.
Berger, P. (1983) "Algumas observações gerais sobre o problema do trabalho", *Revista de Administração de Empresas*, Rio de Janeiro, 23 (1): 13-22, jan. -mar.
Braverman, H. (1987). *Trabalho e capital monopolista: a degradação do trabalho no século XX*, Rio de Janeiro, Guanabara.
Ciampa, A. (1985). "Identidade", in Lane, S. e Codo W. (orgs.), *Psicologia Social: o homem em movimento*, São Paulo, Brasiliense.
Codo, W. (1986). *O que é alienação?*, São Paulo, Brasiliense, col. "Primeiros Passos".
Codo, W. (1988). "Saúde mental e trabalho: uma urgência prática", *Psicologia, Ciência e Profissão*, Brasília, ano 8, nº 2, pp. 20-24.
De Jours, C. (1988). *A loucura do trabalho*, São Paulo, Cortez-Oboré.
Jacques, M. G. (s.d.). *O trabalho e a formação da subjetividade*, Porto Alegre, mimeo.
Paulon, S. (1988). "Chamado igual em classes desiguais?", revista *Mundo Jovem*, Porto Alegre, XXVI, (196): 2-3, abr.
Seligman Silva, E. (1988). "Os vínculos entre condições de trabalho e saúde mental", *Psicologia, Ciência e Profissão*, Brasília, ano 8, nº 2, pp. 13-16.
Soares, D. H. (1988). *O que é escolha profissional?*, São Paulo, Brasiliense, col. "Primeiros Passos".

12
ORIENTAÇÃO PROFISSIONAL JUNTO À POPULAÇÃO

José Luiz Crivelatti de Abreu

Nas últimas décadas, especialmente a partir dos anos 60, tem sido possível observar expressivo movimento entre os profissionais da Psicologia, particularmente os clínicos, em direção ao convívio mais direto com a população (Bender, 1978, p. 18). No entender de Caplan (1980, p. 17), isso deveu-se à crescente preocupação com o atendimento aos deficientes mentais nos Estados Unidos, entendendo-o como dever de toda a sociedade e não apenas do governo. A partir de então, autores como Bennet (1965), Sarason (1967), Albee (1968), Susser (1968), Adelson e Kalis (1970), Shepperd, Openhein e Mitchell (1971) e Poser (1976), entre outros, apontaram para a conveniência desse esforço e para uma multiplicidade de modos de atuação.

No final da década de 70, Matarazzo (1978) indicava a necessidade de ser estabelecido o campo da Psicologia da Saúde, voltado à utilização do conhecimento da Psicologia para a promoção da saúde e a prevenção da doença em sentido amplo, decorrendo desse esforço a formação do Departamento de Psicologia da Saúde na American Psychological Associaton. Tharp e Wetzel (1970) e, posteriormente, Korchin (1976), por seu turno, enfatizaram que as ações comunitárias devem realizar-se sob controle da população, que os modelos convencionais de atuação, se necessário, deveriam ser abandonados em favor de consultorias e da disseminação do saber psicológico.

No Brasil, trabalhos como os de Bosi (1971), Leme (1972), Machado (1975), Gorayeb (1979), Mauro (1980), Botomé (1981),

Zanon (1981), entre inúmeros outros, revelaram o interesse por esses novos caminhos e evidenciaram-se como repercussão dessas iniciativas no país. Nos últimos anos, Mejias (1984) e Andery (*apud* Lane *et alii*, 1985, p. 205), em especial, enfatizaram a relação entre os objetivos da Psicologia no nível da população e os da Organização Mundial da Saúde e a necessidade de atuar sobre o sistema de vida das pessoas em lugar do atendimento individual. Assim, é possível afirmar sobre a conveniência e a utilidade da presença dos psicólogos no cotidiano da população, especialmente entre os moradores das cidades.

Do modo como foi estruturada no Brasil, a vida urbana parece ter produzido um dos maiores problemas contemporâneos: o fato de a maioria das pessoas poder ter nenhuma ou apenas a mínima ingerência sobre as decisões que afetam diretamente suas vidas.

Individual ou coletivamente, as pessoas permanecem passivas à mercê de modificações econômicas, políticas e físicas da realidade em que vivem, e isso parece preocupar e comprometer o bem-estar.

A participação nas tomadas de decisão em tais assuntos, ao contrário, parece desejável e recomendável. Profissionais do Serviço Social, da Saúde Pública e de outras áreas têm procurado fomentar a organização dos moradores, especialmente em bairros de classes média e pobre. A esse esforço parece juntar-se também a preocupação da Psicologia.

A formação de associações de moradores que efetivamente representem a população perante as instituições e, ao mesmo tempo, promovam o aprimoramento da qualidade de vida parece ser um caminho promissor para a promoção do bem-estar e da saúde, em seu sentido mais amplo.

A organização comunitária e o bem-estar

Partindo-se do pressuposto de que o bem-estar depende de temas como tecnologia e trabalho, infra-estrutura urbana, saúde, educação e lazer, entre outros, torna-se desejável que as populações tenham acesso às possibilidades oferecidas pelos avanços nas diferentes áreas do saber. Do ponto de vista estritamente psicológico, o acesso, a avaliação e a utilização desses recursos representam a disseminação de certos comportamentos e são, em essência, o desenvolvimento popular e o estabelecimento da competência coletiva.

A competência das populações resulta, com alta probabilidade, na descentralização das tomadas de decisão e implica o aumento de sua ingerência sobre os temas que afetam seu destino.

Há necessidade, todavia, de ter-se em conta que o arranjo entre as características da sociedade é fundamental para a evolução ou para a involução de uma comunidade. A sociedade contemporânea está organizada de modo que geralmente conduz as pessoas a residir em um determinado local da cidade, a trabalhar em outro, a realizar seu lazer em um terceiro, e, ainda, a fazer compras e visitar parentes em outros lugares.

Tal configuração das cidades contribui pouco, se o faz, para a formação do espírito comunitário, para o estreitamento dos laços afetivos necessários ao bem-estar e cria problemas, como, por exemplo, os custos para o transporte cotidiano de grande parte da população e da infra-estrutura centralizada.

A existência de condições para atender à maioria das necessidades dos moradores de uma dada cidade significa melhores condições de vida aos seus moradores.

Entre essas condições, a existência de locais de trabalho no bairro de modo a difundir as possibilidades de emprego e gerar renda para os envolvidos; de esforços para prevenção de doenças e, no mínimo, da dispensa dos cuidados primários de saúde; de educação, a partir das etapas pré-escolares até o segundo grau; de atividades de lazer que congreguem os moradores em atividades cooperativas, com poucas regras e com níveis mínimos de competição e atividades culturais, são exemplos que podem promover a qualidade de vida.

Desenvolver esforços como os mencionados, todavia, configura mudança significativa na filosofia e ideologia que têm norteado o planejamento urbano e implica o fomento de atividades econômicas descentralizadas, a colocação de técnicos ao alcance da população e o treinamento de agentes de saúde, educação, trabalho e lazer.

A orientação profissional semi e não-institucional junto à população

No que toca à escolha profissional, parece importante considerar a relação entre satisfação do trabalhador e a qualidade do trabalho. A orientação profissional volta-se ao favorecimento do bem-estar individual e coletivo: individual, por oferecer possibilidades efetivas de escolhas no sentido do crescimento integral da pessoa, e coletivo por possibilitar a divisão do trabalho de modo a diversificar a produção, em atendimento ao todo das necessidades da população.

Escolhas inadequadas, como discutidas neste livro, são produtoras de problemas e comprometedoras da qualidade de vida.

Retorna, neste ponto da presente reflexão, o contexto que envolve a procura de assistência psicológica por parte da população. A organização mínima de moradores, seja em torno de clubes, de igrejas ou de associações de moradores, favorece a colocação do processo de orientação ao alcance dos moradores e evita dificuldades como as envolvidas na decisão de ir ou não à procura de assistência.

O oferecimento da orientação profissional, conforme o modelo explicitado neste livro, em associações de moradores, igrejas, clubes, etc., torna-a trivial e de fácil acesso. E seu exercício tem estreita relação com o aperfeiçoamento individual e coletivo.

Há, todavia, e de modo inteiramente interessante pela amplitude que descortina, a possibilidade de realizar a orientação profissional em nível não-institucional. Em quaisquer circunstâncias, seja em meio a uma rua ou a uma praça, é possível realizar a transmissão das informações pertinentes à escolha profissional. Afinal, mesmo tratando-se de uma relação especial, uma troca humana em que se procura facilitar e tornar exeqüível a escolha de atividades que têm muito a haver com o futuro de quem escolhe, o que menos importa é o local onde ela se realiza. O lugar só tem destaque para identificar a população que dela necessita.

E o futuro?

O processo de orientação profissional seria em muito favorecido se acompanhado por iniciativas de treinamento de pessoal. A organização e execução de programas de treinamento profissional, com o uso de recursos provenientes do bairro ou não, favoreceria sobremaneira o esforço pelo aprimoramento da qualidade de vida e autonomia coletiva.

Atingido esse ponto, seria possível adotar iniciativas para planejar o desenvolvimento do lugar a partir de metas eleitas em assembléias do bairro. Desse modo seria possível alocar a Orientação Profissional em um processo amplo que envolva o bem-estar e a saúde em seu sentido mais amplo, permitindo a todos os moradores de um determinado lugar influenciar sobre decisões que, pelo menos potencialmente, poderão produzir conseqüências que recairão sobre eles próprios.

A presença da Orientação Profissional representa progresso na atuação junto aos habitantes das cidades. Seus esforços, somados aos de outros modos de ação da Psicologia ou das demais áreas do saber, podem significar grandes oportunidades para o aperfeiçoamento da qualidade de vida de indivíduos e coletividades.

Bibliografia

Adelson, D. e Kalis, B. L. (1970). *Community Psychology and Mental Health*, Scranton, Chandler.
Albee, C. W. (1968). *Mental Health Manpower Trends*, Nova York, Basic.
Andery, A. A. "Psicologia na comunidade", *Apud* Lane, S. e Codo, V. (orgs.) (1985). *Psicologia Social: o homem em movimento*, São Paulo, Brasiliense, p. 205.
Bennet, C. (1965). "Community Psychology: Impressions of the Boston Conference on the Education of Psychologist for Community Mental Healty", *American Psychologist*, 1965, 20:832-835.
Brender, M. R. (1978). *Psicologia na comunidade*, Rio de Janeiro, Zahar.
Bosi, E. (1971). *Leitura em operárias: estudo de um grupo de trabalhadoras em São Paulo*, tese de doutorado apresentada ao Instituto de Psicologia da Universidade de São Paulo.
Botomé, S. P. (1981). "O exercício do controle na intervenção social do psicólogo", *Ciência e Cultura*, 33 (4): 517-524.
Caplan, G. (1980). *Princípios da psiquiatria preventiva*, Rio de Janeiro, Zahar.
Gorayeb, S. P. (1979). *Alojamento conjunto e tradicional para mãe e bebê na maternidade*, tese de doutorado apresentada ao Instituto de Psicologia da Universidade de São Paulo.
Korchin, S. J. (1976). *Modern Clinical Psychology: Principles of Intervention in Clinic and Community*, Nova York, Basic.
Leme, M. A. (1972). *Justiça distributiva: um estudo de variáveis relacionadas ao equilíbrio de um grupo social*, tese de doutorado apresentada ao Instituto de Psicologia da Universidade de São Paulo.
Machado, V. (1975). *Efeitos de um treino de discriminação da aprendizagem de leitura por privados culturais*, tese de doutorado apresentada ao Instituto de Psicologia da Universidade de São Paulo.
Matarazzo, J. D. (1978). "Behavior Health's Challenge to Academic, Scientific and Professional Psychology", *American Psychologist*, 37: 1-14.
Mauro, E. (1980). *Engenharia do comportamento: uma contribuição à análise de dois equipamentos de uso hospitalar e à definição de ambiente terapêutico*, tese de doutorado apresentada ao Instituto de Psicologia da Universidade de São Paulo.
Mejias, N. P. (1984). "O psicólogo, a saúde pública e o esforço preventivo", *Revista de Saúde Pública*, 18: 155-161.
Poser, E. G. (1976). "Strategies for behavioral prevention", *apud* Davidson, P. O. *The Behavioral Management of Anxiety. Depression and Pain*, Nova York, Brunner-Mazel.
Sarason, B. (1967). "Toward a Psychology of Change and Innovation", *American Psycholgist*, 22:227-223.
Shepperd, M. Openhein, B. e Mitchell, S. (1971). *Childhood Behavior and Mental Health*, London Univers. Press.
Susser, M. (1968). *Community Psychiatry*, Nova York, Random.
Tharp, R. G. e Wetzel, R. J. (1970). *Behavior Modification in the Natural Environment*, Nova York/London Academic Press.
Zanon, C. M. (1981). *O comportamento de crianças hospitalizadas e a rotina hospitalar: subsídios para a atuação do psicólogo junto a equipe de pediatria*, tese apresentada ao Instituto de Psicologia da Universidade de São Paulo.

13
NOTAS SOBRE A CRIATIVIDADE E O EXERCÍCIO DE UMA PROFISSÃO

Lisete Terezinha Assen de Oliveira

A criatividade, em geral, é considerada como uma aptidão de poucos indivíduos e relacionada a algumas poucas atividades e profissões, e, via de regra, ligada à invenção, à originalidade e à inovação. Apenas considerados, necessariamente, criativos, pintores, escultores, escritores, artistas em geral, arquitetos, decoradores, etc.

Num recente Encontro de Iniciação à Pesquisa Científica, na UFSC, tive oportunidade de assistir à apresentação de alunos do curso de Engenharia, em que estes, ao relatarem sua vivência de pesquisadores, referiram-se, em tom de metáfora, à necessidade de "ser um pouco artista", frente às desconhecidas situações surgidas durante o trabalho.

Será mesmo que somente alguns poucos indivíduos têm o "dom" da criatividade? Será mesmo que somente algumas profissões solicitam o potencial criativo? Ou ainda, será mesmo que a tal necessidade de "ser um pouco artista" é uma eventualidade no exercício da maioria das profissões?

Acredito que não. E, embora, ainda pouco divulgada, a criatividade vem sendo cada vez mais afirmada em toda atividade humana e reconhecida em todos os indivíduos.

O exercício profissional, mesmo envolvendo muitos fatores, compreende, basicamente, as tarefas e atribuições de uma profissão, junto à sociedade, é algo dinâmico, em constante mudança. Essas mudanças podem ser observadas em dois níveis, pelo menos.

O primeiro é o nível do papel profissional social e historicamente construído, seja pelo corpo da sociedade, seja pelas categorias profissionais organizadas — sindicatos, ordens, conselhos, institutos, escolas — ou, ainda, pela relação entre ambos.

O segundo nível refere-se ao desempenho e à apropriação particular do papel profissional que cada indivíduo realiza, num dado contexto de trabalho.

A sociedade, por ser dinâmica, se constitui diferentemente em contextos e épocas diferentes, sendo, dessa forma, fator da condição, situação e evolução do papel profissional ao gerar e estabelecer as expectativas e demandas sociais para as diferentes profissões.

Além disso, concorrem nesse nível as expectativas e demanda sociais visualizadas pelas categorias profissionais organizadas, que nem sempre coincidem com aquelas estabelecidas socialmente.

Das relações entre esses dois níveis surge o que se pode chamar de estrutura e papel profissional — a referência básica e fundamental para o exercício individual do papel profissional, no que diz respeito às normas e à ética da profissão, bem como às delimitações das tarefas, atribuições e responsabilidades profissionais.

Também as relações de trabalho estão ligadas aos processos e sistemas sociais, envolvendo a interação entre o grupo profissional e o conjunto da sociedade e estabelecendo os vínculos de trabalho, a dimensão política, a natureza, os tipos e a amplitude do exercício profissional.

Entretanto, embora as profissões sejam socialmente construídas, isso não implica que o indivíduo, ao se estabelecer profissionalmente, receba um papel profissional pronto e acabado. Ao contrário, como dito acima, pela dinâmica social, o papel profissional está sempre sendo reconstruído.

No nível individual, cada situação e contexto profissional, ao ser vivido, ganha novas tonalidades e contornos, e assim, ao mesmo tempo que o indivíduo, desempenha um papel profissional, transforma-o.

Dessa forma, no cotidiano da prática profissional, cada indivíduo cria seu papel profissional particular, levando-o e contribuindo para a recriação do papel profissional social.

O estudo de Jacob Levi Moreno*, denominado *Teoria dos papéis*, demonstra, de uma forma geral, como o indivíduo se apropria dos

---

* Jacob Levi Moreno era médico, viveu parte de sua vida, no início deste século, na Áustria, onde criou o psicodrama, enquanto conjunto de conceitos para se compreender o ser humano e enquanto conjunto de instrumentos e práticas de trabalho. Um dos princípios básicos era a identificação de que todo indivíduo e grupo é espontâneo e criativo, e que a perda dessa capacidade gera sofrimento. Essa teoria soma-se a uma segunda, que compreende o sujeito como um ser-em-relação, do que decorre o reconhecimento da intersubjetividade.

diversos papéis vividos socialmente, e as etapas que se constituem, desde o momento chamado *role-taking* (tomada de papel) até o momento que o autor considera o último, o *role-creating*, quando o indivíduo se apropria do papel.

Essa teoria de Moreno é perfeitamente adequada à compreensão do exercício profissional enquanto algo, sempre necessariamente criativo, para que se alcance a satisfação individual e social.

Poder-se-ia, então, questionar se somente a criatividade seria o mecanismo ou componente humano que leva o indivíduo a apropriar-se e particularizar o seu papel profissional?

É evidente que para a satisfação concorrem muitos fatores pessoais, profissionais e sociais, mas que, pelo acima exposto, têm, a meu ver, subjacentes as questões da criatividade e da espontaneidade, que garantem ao indivíduo maior plenitude consigo mesmo, pelo constante crescimento e interação no processo social.

Nesse sentido, penso que a revisão proposta neste trabalho permitirá ampliar a compreensão do que consiste o exercício das profissões em geral, além de levar-nos a rever a compreensão do processo criador naquelas profissões ditas criativas.

Este texto não pretende esgotar todas as questões pertinentes ao tema, mas levantar alguns aspectos que me parecem básicos na busca de uma revisão dos conceitos de criatividade, de processo criativo e o exercício dos papéis profissionais.

A definição de processo criativo é uma tarefa bastante difícil, pois envolve fatores complexos da natureza humana e que são muitas vezes pouco esclarecidos, como a própria capacidade do homem de IMAGINAR. Dessa forma, trabalha-se mais com aproximações e características da manifestação criativa do que com definições precisas.

Costuma-se, em geral, relacionar a criação com a produção artística ou a arte, e com decorrências, como o exótico e o original, valores bastante usuais, quando se trata de qualificar algo ou alguém como criativo.

Entretanto, quero destacar, senão uma posição oposta, uma outra maneira possível de compreender o processo e o produto da criação.

A questão básica é então, a meu ver, buscar uma compreensão de criatividade que seja mais adequada a essa constante dinâmica social, de maneira que se possa construir dimensões mais amplas e mais profundas para o exercício das profissões.

Moreno define criatividade e espontaneidade como a capacidade que permite ao homem transformar situações, dando respostas novas e adequadas a problemas novos ou antigos. Além disso, ele delimita como critério principal a condição de adequação, o que significa supor, de um lado, o comprometimento da resposta ao contexto da situação, e, de outro, o contexto interno do sujeito.

Fayga Ostrower (1978, p. 134), artista plástica e dedicada a compreender a criação e seus processos, também apresenta como critério de criativo o conceito de adequação ao contexto, em contrapartida à idéia de novidade, de excepcionalidade, da genialidade ou da inovação. A criação seria, assim, a formação de um conhecimento novo, mas integrado ao contexto global e distinto da inovação.

Pode-se dizer, sem exagero, que a prática de inúmeras inovações se processa em níveis menos profundos do que a criação, isto é, a mera inovação não engaja a totalidade sensível e inteligível do indivíduo a ponto de sempre o reformular em sua conscientização de si mesmo (Ostrower, 1978, p. 134).

O exercício da criação é uma condição da natureza humana, tendo uma dimensão dialética entre a necessidade de formar e, portanto, de cristalizar, e a necessidade de transformar e modificar. Formamos a sociedade, os valores, a tradição, os espaços, a cidade, "a conserva cultural", e, ao vivê-la, queremos transformá-la.

E se a criação contém uma projeção ou uma participação da subjetividade, ao mesmo tempo exige conhecimento do contexto a ser transformado.

Rollo May (1982) diz que a idéia nasce na transição entre o inconsciente e o mais enérgico raciocínio consciente.

Um dos instrumentos potenciais da criação é a memória, que está ligada à identidade e que permite ao homem integrar experiências de tempos e contextos diversos em novas vivências, o que, inclusive, recompõe suas compreensões sobre aqueles contextos. E pela capacidade de fazer analogias e associações, ele transforma a memória em algo vivo, capaz de atuar alimentando a criação.

A percepção e a intuição (que não deve ser confundida com o instinto) são fenômenos interligados e também integrantes do processo criativo.

A intuição é capaz de dar novas ordenações a uma situação global ou parcial, surgindo sem ser possível sua auto-análise e onde estão presentes as imagens referenciais da percepção e operações mentais de relacionar, comparar e estabelecer analogias.

Embora esse processo percepção-intuição seja uma dimensão importante, não constitui, por si só, o processo criativo na sua totalidade e não garante a adequação da resposta.

Ambas, percepção e intuição, estão na base da dinâmica criativa, permeando e até mesmo catalisando a criação. Entretanto, o consciente racional não se desliga da atividade criadora, mas, ao contrário, é o responsável pelo exame crítico, pela elaboração, pela liberdade de optar e de exercer sua vontade.

Vontade, aqui, é colocada num sentido mais amplo do que motivação, incluindo o compromisso e a determinação, e no sentido colocado por May, citado anteriormente.

O reconhecimento da realidade é uma condição fundamental para um efetivo exercício criativo, o que é referido por alguns autores como um encontro com a realidade.

O encontro pressupõe, em primeiro lugar, a existência e a aceitação do outro ou do contexto, tal como ele é, e, em segundo lugar, a motivação, a expectativa e o sonho da mudança.

E nesse encontro haverá a indagação sobre o futuro, ou o desconhecido, nascendo a criação, que transforma também o criador.

A criação, vista assim, deixa de ser um momento mágico e misterioso, para ser um processo de conhecer e transformar e no qual o indivíduo está comprometido com o contexto e consigo mesmo.

Caberia ainda uma referência ao fato de que, no processo criativo, identifica-se uma multiplicidade de fatores e aspectos psicológicos, como tensão, ansiedade e intensas variações do estado psicológico. Esses fatores, muito embora não caiba aqui aprofundar, devem ser considerados, pois na prática têm sido reconhecidos, o que vem contribuir com a noção da criatividade como um dom, privilégio de alguns.

Pensar na inspiração como um momento aleatório que venha desencadear um processo criativo é uma noção romântica (Ostrower, 1977).

As revisões que, atualmente, são realizadas no conceito de criatividade e nas suas decorrências práticas são fundamentais, como dito anteriormente, para que se ampliem as compreensões no exercício de uma profissão, o que levará, sem dúvida, à ampliação da qualidade do exercício profissional.

Portanto, é possível considerar que todo desempenho profissional pode ser criativo, seja pelo movimento social exigindo e colocando situações e problemas novos, seja pela busca de soluções novas a problemas antigos, ou ainda pela capacidade do indivíduo de interagir criativamente com o papel a ele atribuído.

A maior qualidade a que me refiro diz respeito a uma maior apropriação dos papéis sociais por parte de cada indivíduo, de forma a que seja possível emergir, nesse papel social, sua espontaneidade e sua criatividade.

Mas se, por um lado, nosso objetivo é que todos os indivíduos exerçam o espaço criativo do seu fazer profissional, é preciso reconhecer que atingir esse momento significa processar as etapas anteriores, explicadas por Moreno: o *role-taking* e o *role-playing*.

Uma sociedade que amplia as possibilidades criativas de todos os FAZERES que a vida coletiva envolve torna-se também, enquanto grupo social, mais capaz e comprometida com a construção do futuro, pois tanto o processo que leva o profissional à criação, como a própria criação, modificam também o profissional, que alcança a fase denominada por Moreno de *role-creating*.

Bibliografia

Almeida, Wilson C. e outros (1988). *Lições de psicodrama*, São Paulo, Ágora.
Garrido Martim, Eugenio e Moreno, J. L. (1984). *Psicologia do encontro*, São Paulo, Duas Cidades.
May Rollo. *A Coragem de criar*.
Moreno, Jacob Levi (1987). *Psicodrama*, São Paulo, Cultrix.
Moreno Jacob Levi (1974). *Psicoterapia de grupo e psicodrama*, São Paulo, Mestre Jou.
Moreno, Jacob Levi (1983). *Fundamentos do psicodrama*, São Paulo, Summus.
Ostrower, Fayga (1977). *Criatividade e processos de criação*, Petrópolis, Vozes.

14
A QUESTÃO DO VESTIBULAR*

Dulce Helena Penna Soares Lucchiari

Quando se pensa em universidade, tem-se claro que é um período da educação formal que compreende os cursos de nível superior, cujo ingresso está condicionado ao vestibular.

Sendo o vestibular a porta de entrada da universidade, acredito ser importante, no trabalho de OP, avaliar como ele está sendo realizado, suas repercussões: de um lado, na vida das pessoas, e de outro, na vida universitária.

Quando se pensa na porta de uma casa, também se diz que ela é a "porta da rua"... O vestibular, ao deixar entrar uns, deixa outros tantos na rua. O exame vestibular pretende "medir" os conhecimentos dos candidatos, geralmente nas áreas de física, matemática, biologia, química, língua portuguesa, língua estrangeira e estudos sociais.

Desde 1971 essa prova é feita de forma unificada (regida por normas federais), isto é, todos os candidatos que almejam ingressar devem realizar todas as provas, independente do curso que pretendem. Em algumas universidades, o peso que é dado a cada prova é relativo ao curso. Até então, cada escola fazia seu exame de acordo com suas próprias características.

Antigamente esse exame era feito por faculdade. Os próprios alunos dos últimos anos auxiliavam, promovendo cursos preparatórios aos candidatos. Assim, se uma pessoa queria estudar arquitetura, deveria mostrar conhecimentos em alguns pré-requisitos específicos, como,

---

* Texto redigido em 1986, para inclusão no livro *O que é escolha profissional*, Editora Brasiliense.

por exemplo, geometria, álgebra, história da arte e desenho. Uma das provas era prática, e o aluno deveria desenhar.

Nessa situação os alunos entravam capacitados a fazer o curso sem maiores problemas, especializando suas habilidades em algo que já era de alguma forma familiar.

O exame, atualmente, consta de questões objetivas com respostas simples ou múltiplas, isto é, os candidatos terão que marcar com um "x" a resposta certa.

Isso faz com que o escrever e o pensar criativo fiquem para segundo plano. Chegam até a universidade jovens que não sabem nem mesmo copiar um texto de um livro sem cometer muitos erros de português, quanto menos escrever sobre um assunto qualquer solicitado pelo professor.

O jovem passa os três anos de segundo grau voltado exclusivamente para o vestibular. Os professores estimulam, chamando a atenção para as possíveis questões que poderão cair na prova. Realizam provas simuladas e baseiam seus programas nas provas dos anos anteriores. Tudo gira em torno do vestibular.

O estudar para o vestibular muitas vezes chega a tornar-se uma neurose. Há jovens que, no ano anterior ao do exame, deixam de sair, divertir-se, fazer outras coisas na vida, somente para estudar. Resultado: ficam mais tempo amargurando-se do que realmente estudando. Isso leva a todo um processo de autopunição:

"... eu não posso sair, porque tenho que estudar para o vestibular, se não eu iria contigo à festa...".

E também há uma pseudovalorização de si mesmo, porque, perdendo tanto tempo e tantas oportunidades de prazer e satisfação pessoal estudando, poderão dizer:

"Ah! Eu estudei muito, passava noites em claro, não saía nos finais de semana, ficava direto só estudando, por isso não entendo como não passei".

Esse fato também é um álibi, uma desculpa para ele perante a família e para esta, perante a sociedade:

"Meu filho estudou muito, passava dias trancado no quarto no meio dos livros, nós lhe pagamos o melhor cursinho, é que ele queria um curso muito concorrido, havia muitos candidatos por vaga...".

Observa-se que nem o jovem nem os pais dão-se conta de que o problema não é deles, é muito maior e mais complexo do que passar noites em claro estudando, ou fazer o melhor cursinho. É toda uma estrutura social que não está organizada para receber todos os jovens.

Está evidente a contradição social a cuja mercê estamos. Pois, se de um lado o jovem é estimulado pela sociedade e pela família a fazer um curso superior, por outro, essa mesma sociedade, por meio do Estado, do sistema educacional que ele oferece, não dá condições a todos de cursá-lo.

E, não se dando conta desse fato, nada é feito para mudar. Nunca se houve falar de um movimento dos vestibulandos contra a universidade, uma greve, por exemplo. Eles jamais se organizarão, porque o que é estimulado e valorizado é a competição. O colega vestibulando "é um concorrente para a mesma vaga, ou ele ou eu entra na universidade".

O vestibular é um evento dissociado, que não tem nenhuma relação com o que vem antes e com o que acontecerá depois. Não existe nenhuma integração da universidade com o segundo grau. O estudante que ingressa deixa de preocupar-se com essa situação, uma vez que já lhe foi possível resolvê-la, enquanto o aluno que foi barrado segue na sua luta sobre o que fazer para conseguir ser aprovado no próximo ano.

Teixeira (1981, p. 1579) nos diz: "... os que ficaram à margem do ensino superior têm o seu potencial transformador esvaziado, se não neutralizado. De tal modo introjetam a idéia de que o êxito ou fracasso na passagem é de sua exclusiva responsabilidade individual, não percebendo o contexto em que estas coisas se dão, não contestam a situação, nem reivindicam mudanças".

Segundo Monteiro (1980, pp. 77-78) a corrida para o vestibular é nos dias atuais uma verdadeira maratona que gera neurose e conflitos de toda espécie, num espetáculo que toma conta do país. O vestibular é a angústia do estudante e funciona como um centro de forças que ataca em todas as direções. Formou-se, para manter o espetáculo do vestibular, uma gigantesca teia de "cursinhos", que, com interesses puramente comerciais, passaram a ser um agente de desmoralização do próprio ensino secundário. Eles surgiram para desvirtuar ainda mais as finalidades da educação brasileira.

Os cursinhos são geralmente empresas que se especializam na "arte de preparar", atingindo uma grande população de classe média, que tem uma necessidade muito grande que seus filhos ingressem na universidade.

Por tratar-se de um acontecimento muito significativo na vida dos jovens, dos seus familiares e da sociedade também, essas pessoas envolvidas geralmente encontram-se suscetíveis de qualquer investimento, desde que seja "pelo bem de meu filho".

Segundo seus dirigentes, eles fazem o que o segundo grau não fez, e assim, se alguém deseja passar no vestibular, deve fazer o cursinho. Na época que precede os exames são promovidas campanhas muito grandes informando o número de aprovados do ano anterior que freqüentaram este ou aquele curso. É estabelecida uma competição entre os próprios cursinhos, que chega a assumir um caráter de massacre ideológico, para mostrar-se como o melhor curso, que mais segurança dará, influenciando negativamente a maioria dos jovens.

É evidente a má-fé muitas vezes presente em suas campanhas de divulgação e propaganda para obterem o maior número possível de alunos. Se qualquer pessoa somar as porcentagens de aprovados que cada cursinho diz ser de seus alunos, somam muito mais que 100%. Por outro lado, nunca é divulgada a porcentagem dos seus alunos que foi reprovada no vestibular, mascarando assim a realidade e iludindo os jovens e seus pais.

A real situação é que existe uma diferença muito grande entre a demanda e a oferta de vagas no ensino superior. Constata-se que o número de vagas nas universidades públicas tem-se mantido o mesmo há muitos anos, embora a demanda tenha alcançado mais que o dobro.

Portanto, a existência dos cursinhos se manterá enquanto houver uma demanda maior que a oferta de vagas. Sempre haverá espaço para a competição que esse fato provoca e que é muito bem aproveitada pelos dirigentes dos cursinhos.

A situação do vestibular foi muito bem analisada pelo professor e antropólogo Sérgio Teixeira (1981, pp. 1574-1580) como um ritual de passagem e uma barreira ritualizada.

"Ritos são situações marcadas pelo formalismo, pela solenidade, pelo cerimonial, pela observância de normas e práticas prescritas" (Teixeira, 1981, p. 1574). No vestibular, essa natureza de ritual é revelada pela presença, nele, de três momentos, característicos dos rituais de passagem:

Primeiro: fase de separação — quando, cerca de um ano antes dos exames, iniciam-se os preparativos, geralmente freqüentando algum cursinho ou simplesmente intensificando os estudos. Os estudantes são geralmente chamados de vestibulandos, percebendo-se então como um grupo diferenciado. A inscrição para o vestibular e a realização dos exames simulados são momentos importantes dessa fase.

Segundo: período em que o jovem já encerrou o segundo grau e ainda não recebeu o resultado do exame vestibular, nomeado como fase de liminaridade, por não se situarem nem aqui nem lá, uma vez que não são nem alunos do segundo grau nem universitários. A humildade e a passividade se fazem presentes, o vestibulando não reclama de quase nada: o custo dos cursinhos e as condições de suas aulas, o processo de inscrição, as taxas e o tratamento recebido na prova, etc.

A terceira e última etapa do rito é a da agregação do novo grupo à universidade. Caracteriza-se pela exaltação, festas e comemorações, onde trotes são aplicados aos calouros ou "bichos" na matrícula e nos primeiros dias de aulas. Seu objetivo é integrá-los à universidade, e conta com a participação ativa dos veteranos. Esses procedimentos estão esvaziando-se, talvez pelo fato de ser uma coisa comum ingressar na universidade, devido ao grande número de escolas particulares que têm surgido, e também por terem sido proibidos alguns tipo de manifestações que chegaram a causar problemas de agressão e até ferimentos pelo grande envolvimento e euforia que a situação provocava.

A dimensão oposta à de rito de passagem, que contém o vestibular, é que este pode ser concebido como uma barreira ritualizada. Essa barreira é definida por Aurélio como sendo "qualquer forma de obstáculo com que a sociedade dificulta o acesso a grupos ou a instituições e impede a mobilidade social".

"É na não classificação, ou na não autorização de passagem para quantos apresentam as condições que o ensino em nível superior pressupõe, que se configura a dimensão de barreira social ritualizada do vestibular. Assim ele impede acesso a um recurso estratégico para a ascensão social" (Teixeira, 1981, p. 1580).

Segundo ainda o mesmo autor, os efeitos da barreira se fazem sentir de modo desigual e sistemático. Penaliza com maior rigor aqueles que, com a passagem que lhes é negada, têm reduzidas e mesmo anuladas suas chances de batalhar por uma melhor condição de existência. Via de regra, dos barrados pelo vestibular, são eles também os que apresentam as maiores dificuldades de preparação.

Os dados disponíveis do vestibular de 1984 da Universidade Federal de Santa Catarina — 14 924 candidatos a 2 745 vagas em 58 cursos — não permitem analisar a questão em termos objetivos e reais: a dimensão de ritual de passagem se dará para 18,3% dos candidatos, enquanto 81,7% viverão a dimensão de barreira social ritualizada.

Outro autor que analisa a questão do vestibular, porém de uma forma mais prazerosa e nem por isso menos séria ou profunda, é Rubem Alves (1984), quando nos fala sobre "o país dos dedos gordos".

Rubem Alves faz uma ferrenha crítica aos exames vestibulares, criados por alguns detentores do "saber-poder" que decidem os poucos que entram e os muitos que ficarão fora das universidades. Fala-nos da "tortura" que é feita com as crianças, na expectativa de um dia passarem no vestibular, deixando de ser felizes e de gostar de estudar. Segundo o autor (1984, p. 74) "os exames vestibulares se encontram entre os maiores vilões da educação brasileira. Seu poder de aterrorizar e intimidar é maior que todas as nossas filosofias e portarias, empacotadas".

Ele comenta que, na fantasia dos pais, o vestibular já se encontra presente desde que a criança é pequena, e desde essa época já passa a influir na sua vida: "Tudo começa com os pais — 'Meu filho, que é que você vai ser quando crescer?'. O garotinho ainda está brincando de carrinho de bombeiro e eles já começam a perder o sono, pensando se o filho vai ser capaz de passar no vestibular e se eles serão capazes de pagar as mensalidades dos cursinhos" (Alves, 1984, p. 75).

É esperado que a escola ofereça condições básicas para seus alunos, mas ninguém pensa em termos de prazer, alegria, sensibilidade artística. "O que eles pensam é no tipo de conhecimento que vai ajudar os estudantes a pôr as cruzinhas nos quadrinhos certos... e educar-se como as empresas fazedoras de vestibular determinam que devam ser educados" (Alves, p. 76).

Para aqueles que são reprovados, o que restará? Apenas as cicatrizes. A ansiedade. Os olhares tristes e acusatórios dos pais. O dinheiro perdido. As recriminações. E o terrível sentimento de derrota. Como se a vida deixasse de fazer sentido, pois todos os rituais preparatórios diziam que entrar na universidade era a única coisa que importava. "E eles contam as cabeças que ficaram. Nada dizem daquelas que rolaram pelo chão" (Alves, 1984, p. 78).

Uma sugestão apresentada pelo autor é que a seleção para ingresso na universidade seja feita por um sorteio. Pois a justiça alegada através da objetividade e neutralidade dos exames encobre uma injustiça anterior: os pobres são eliminados antes que a corrida comece, isto é, os pobres ficam fora por incompetência econômica (Alves, 1984, pp. 78 e 81).

As reprovações acabam por criar até uma inimizade entre pais e filhos. Os primeiros, por se verem frustrados na sua expectativa em relação aos filhos e na sua culpa por possíveis falhas que possam ter cometido. Os filhos, por terem sido colocadas sobre eles tantas expectativas e eles não serem capazes de passar como uns poucos afortunados (Alves, 1984, p. 89).

O sorteio seria melhor, pois, além de oferecer realmente iguais condições a todos os candidatos, teria de volta a amizade entre pais e filhos...

Todas essas idéias mexem muito com a gente. Gostaria de poder relatar aqui muito mais, porém seria necessário transcrever todo o livro de Rubem Alves. Por isso deixo como sugestão obrigatória a leitura na íntegra de seu livro. Só assim se poderá perceber a profundidade e a abrangência dos prejuízos que o vestibular tem causado. Não só nos jovens, no momento de sua realização, mas muito antes, enquanto crianças, e muito depois, quando, desistindo de buscar a aprovação, ainda se lembram dele com tristeza e pesar, quem sabe até esperando e querendo que seu filho passe no vestibular. E a história se repete...

Bibliografia

Alves, Rubem (1984). *Estórias de quem gosta de ensinar*, São Paulo, Cortez.
Monteiro, José (1980). "Educação brasileira, mito e realidade", in *Educação e Realidade*, 5 (I) 7 T-86, Porto Alegre, jan.-abr.
Teixeira, Sérgio (1981). "Vestibular — ritual de passagem ou barreira ritualizada", in *Ciência e Cultura*, 33 (12): 1574-1580, dez.

POSFÁCIO

Silvia Beatriz Gelvan de Veinsten

Um antigo conto que faz parte do acervo cultural de minha família, constituída por filósofos, teólogos e docentes, tem me permitido resgatar e atualizar alguns conceitos relativos à Educação e, conseqüentemente, à Orientação.

Como tantos outros contos, este situa-se no. "faz muito tempo". Seus protagonistas pertenciam a um reino desconhecido cujo soberano, preocupado com a educação de seus filhos, convocou os três sábios de maior prestígio da época para escolher aquele mais apto para ensinar a seus descendentes. Assim, o rei pediu-lhes que expusessem seus conhecimentos e o resultado que esperavam de sua ação educadora.

O primeiro, vestido com uma capa preta — ou assim eu o imaginei em minha infância —, disse que seus conhecimentos centravam-se nas ciências e nas técnicas que levavam ao domínio da natureza, deixando aos pés do soberano instrumentos, fórmulas e mapas.

O segundo, vestido com uma toga branca, expôs sobre o poder de seus conhecimentos de filosofia e da arte da oratória, que propiciariam aos jovens seduzirem os seus súditos, cuja necessidade de um guia oracular era evidente. Seus pupilos seriam os reis de todos os homens que, convertidos em rebanho, buscariam seu cão e seu pastor.

O terceiro, vestido com simplicidade, sentou ao lado de seus interlocutores e explicou, serenamente: "Eu somente posso brindar aos que querem aprender com um estímulo para que aflorem suas motivações, com uma escuta atenta para as suas perguntas e um acompanhamento para que busquem aquilo que ainda não sabem sobre as ciências. Desta forma poderão se sustentar na coerência paradoxal da existência humana, tendo como maior domínio o de si mesmos, cujos Sim e Não serão próprios e poderão ser confrontados com o Sim e o Não dos outros. Assim poderão chegar a um Talvez e a um Também que lhes permitirá contemporizar e compartilhar. A busca da verdade e o desejo de poder serão sempre entendidos por eles como um projeto do bem estar comum e do exercício da responsabilidade pessoal. Eu prometo ser testemunha com minha própria vida, que deverá dar conta da honestidade, do amor e da fé. E, em nome destes, devo dizer-lhes que poderão não existir mais reis nem súditos, manipulações nem seduções, uma vez que estaremos construindo juntos uma democracia universal. O que eu ofereço, em síntese, é a liberdade de escolha. Para alcançá-la será necessário reconhecê-la em si e nos outros, questionando alegremente os conhecimentos e ligando-se mais ao prazer de saber do que ao desejo de poder; e ao poder fazer do que ao sustentar o poder".

Confesso que nunca soube qual dos três sábios o rei deste conto escolheu. Porém sei que pude escolher, graças a ele, o meu caminho. É por isso que tenho dedicado minha vida à compreensão das escolhas dos indivíduos e dos povos, analisando seus mitos, suas histórias, suas construções do passado e suas aspirações para o futuro.

Em 1970 apresentei minhas primeiras três técnicas que denominei, então, de Orientação Vocacional Ocupacional: a Técnica de Expressão, o Teste do Futuro e as Técnicas de Informação.

A Técnica de Expressão permitia o acesso aos modelos sociais de uma maneira crítica, desmascarando as crenças na vocação como uma herança imutável, ou na escolha como uma soma de habilidades a serem constatadas através de respostas a um questionário.

O Teste Futuro assinalava, numa época em que a investigação do passado estava no auge, que este não era o único determinante da escolha futura, mas que a fantasia do futuro poderia ser um projeto que canalizaria esse passado com resignificações novas, tornando-se o presente como base para as decisões.

As Técnicas de Informação culminavam em uma modificação do R-O com imagens que, ao mesmo tempo que mergulhavam nos dados de ofertas e demandas, indagavam sobre a construção do imaginário de quem escolhia.

Foi então que saindo da antiga Orientação Vocacional e estabelecendo a estrutura dinâmica do ser que faz-sendo e se faz a si mesmo construindo sua identidade ocupacional com um sentido de responsabilidade social, avançamos na pesquisa da escolha dos indivíduos e seus contextos regionais.

A partir daí o trabalho de campo e sua fundamentação teórica derivaram em mais de trinta técnicas que possuem, cada uma, sua indicação específica.

Entre 1972 e 1974 a técnica "Meus projetos", que pergunta pelo querer ser, fazer e ter, demonstrou a possibilidade de estabelecer estilos de projetar e construir a trajetória de vida em nove combinações básicas. Esta técnica foi por mim apresentada em diversos encontros internacionais e resultou na abertura de um novo panorama na Orientação, que denomino hoje Orientação Transdisciplinar.

Em alguns desses encontros internacionais tive a oportunidade de conhecer e conviver com Dulce Helena Penna Soares Lucchiari, idealizadora e uma das autoras deste livro. Sua pujança jovem e seu ímpeto de fazer nos uniram em uma amável e respeitosa relação profissional, motivo pelo qual fui convidada para escrever estas linhas.

É com imensa alegria, de quem tem dedicado sua vida profissional à tarefa de orientador, que comprovo ser o trabalho apresentado neste livro uma experiência viva, dinâmica e forte, cujo conjunto procura satisfazer às necessidades da Orientação Profissional enquanto inserida num mundo de constantes mudanças. Esta obra surge para suprir os anseios dos que querem conhecer e aplicar técnicas apropriadas com fundamentação e liberdade, uma vez que seus autores dão exemplos e modelos ao mesmo tempo em que deixam espaço para a reflexão. Assim se constitui a prática daqueles que optam por exercer a profissão de facilitar o processo de escolhas, que significa, em última instância, o processo da eleição de um modo de vida.

Aí reside a inquietude dos que amam sua profissão e a abertura dos que são o testemunho vivo da busca de um mundo melhor, dos que exercem constantemente o juízo crítico ao mesmo tempo em que possuem fé no futuro.

Esta posição tem sua herança em muitas fontes, entre elas na de meu querido mestre Maurício Knobel, da psiquiatria psicodinâmica; do Freud antropólogo, que não somente se preocupou e se ocupou com a ontogênese da enfermidade individual; de Adler, que afiançou a perspectiva como co-determinante do presente; de Jung, com seus arquétipos que hoje a genética investiga; de Liberman, com quem aprendemos diferentes tipologias da comunicação; e inclusive de Goethe que, antes mesmo que redescobríssemos a epistemologia, dissera ser "hora de olhar as mãos, o cérebro e os pés, para saber o que fazemos, o que pensamos e até onde podemos ir".

Não poderia também excluir a filosofia, como herança da posição citada, sobretudo a escola clássica alemã onde Kant e Hegel desenvolveram a posição globalística de entender, compreender e aprender o mundo conjuntamente com a subjetividade dos que pensam o mundo.

É por respeito a estas raízes que um livro que cria novos ramos na árvore do saber deve ser bem-vindo, principalmente considerando-se o seu compromisso com os colegas e com os jovens de hoje e de amanhã. Sua riqueza quantitativa reside em suas múltiplas opções; sua riqueza qualitativa está em sua simplicidade de apresentação; e sua riqueza prospectiva se fixa em uma secreta força que impulsiona a fazer cada vez melhor.

Creio que hoje, entrando no século XXI, um Orientador não pode ficar calado e sustentar-se em simples sedução de técnicas ou comodidade de espaço. A Orientação como transdisciplina é um desafio para a criatividade, para a recombinação da genética das idéias, parar deixar de remediar os sistemas que deveriam mudar.

Quem já é avó, tem cinco gerações como testemunho vivo. É por isso que integrar para nós é mudar e que a mudança deveria integrar, se é certo que se quer ter acesso a um futuro melhor. A perspectiva temporal denota a evolução mas, também, a tentativa de repetição. Acredito que o futuro somente será promissor se o construirmos juntos, como base numa pluralidade aliada à ética da relação que sustenta uma democracia de igualdade de oportunidades com uma abertura à mudança evolutiva.

Tudo isso é, para nós, condição de Transdisciplinariedade. "Escolhendo a vida", como marca a Deuteronomia, "sendo nossas escolhas", com definiu Sartre, "fazendo o futuro desde hoje", como escreveu Denis de Rougement. Resgatar o hoje, pois, é prever o amanhã. Por esta razão, é necessário "vencer os redemoinhos do medo e da ambição" (Heschel) "transcendendo a ação dos meros bens ou honras que dependam de causas limitadas" (Sent. Vaticanas, 81). Só então, poderemos dizer: quero que os outros, como eu, possam e se atrevam a escolher.

Quando Platão, em "Fedro", denuncia, através de Sócrates, a lei de Adastea, pela qual toda alma que não possa ver a verdade no cortejo divino cai por terra por seu peso, nos enuncia uma primeira classificação das ocupações. Em seus nove níveis, sendo o primeiro o da leviandade do ser que se aproxima à sabedoria, e o último aquele que corresponde ao tirano, encontramos material para entender a luta entre os poderes terrenos e a necessidade de elevar-se sobre eles. É interessante considerar que no quinto nível se encontram os adivinhos, marcando o ponto médio de uma balança das condutas humanas. Comparando com o trabalho dos Orientadores, vê-se que muitas vezes se apela a eles como se pudessem saber sobre o futuro e indicar o caminho da felicidade. Durante muito tempo pareceu que os Orientadores quiseram responder a esta demanda da indefinição humana, criando provas, selecionando fatores, estabelecendo perfis. Atualmente, com maior consciência da realidade e respeito pela escolha de cada indivíduo e de cada povo, os esforços dos Orientadores tendem a apresentar novas experiências para estas escolhas.

As técnicas que este livro selecionou assim o demonstram. Facilitar o conhecimento de si mesmo e do outro, optar por um fazer que compreenda a ecologia das idéias e a ecologia do ser humano são parâmetros indispensáveis para construção dessa disciplina chamada Orientação. Poder renunciar a ser um condutor, parente dessa categoria dos "espíritos pesados" de Platão, para vir a ser um Orientador, amigo da sabedoria, da beleza, do amor, é condição para um mundo democrático onde se possa con-vir para con-viver.

Como no conto que iniciou este texto, ser Orientador para o domínio das paixões pessoais e dos temores que levam a mesquinhas ambições, é não somente exercer a liberdade como, também, construí-la. Todo ser humano pertence, é inscrito e escreve histórias familiares, escolares e sócio-culturais, onde são incluídos e inseridos papéis para a cena e o argumento ocupacional. Atender e entender essas histórias, a fim de poder integrá-las sem homogeneizá-las, é o princípio da saúde pessoal e social.

À Dulce Helena, Suzymara, Cláudia, Cristianne, Marilu, Desirée, Kleber, Maria, José Luiz e Lisete Teresinha, minha gratidão por seu reconhecimento e meu alento por seu esforço.

Os autores

Cláudia Genésio da Silva
Psicóloga pela Universidade Federal de Santa Catarina e exerce atividades profissionais no Departamento de Recursos Humanos do Banco do Estado de Santa Catarina (BESC).

Cristianne de Sá Carneiro
Psicóloga pela Universidade Federal de Santa Catarina e exerce atividades profissionais em Florianópolis, na área de Psicologia Organizacional.

Desiréé Mauro
Psicóloga pela Universidade São Francisco, São Paulo, e exerce atividades profissionais em consultório particular e na área de Orientação Vocacional Ocupacional em escolas particulares em São Paulo. É fundadora e Diretora do Instituto do Ser — Psicologia e Psicopedagogia.

Dulce Helena Penna Soares Lucchiari
Psicóloga, psicodramatista e professora do Departamento de Psicologia da Universidade Federal de Santa Catarina. É mestre em Educação pela Universidade Federal do Rio Grande do Sul.

José Luiz Crivelatti de Abreu
Professor do Departamento de Psicologia da Universidade Federal de Santa Catarina, mestre em Psicologia pelo Instituto de Psicologia da Universidade de São Paulo.

Kleber Prado Filho
Psicólogo, mestre em Administração e Professor do Departamento de Psicologia da Universidade Federal de Santa Catarina, na área de Psicologia Social e do Trabalho.

Lisete Terezinha Assen de Oliveira
Arquiteta e especialista em Arquitetura Habitacional pela Universidade Federal do Rio Grande do Sul. É professora de Projeto no curso de Arquitetura e Urbanismo da Universidade Federal de Santa Catarina.

Maria Chalfin Coutinho
Psicóloga e mestre em Educação pela Universidade Federal do Rio Grande do Sul. É professora de Psicologia Social e do Trabalho na Universidade Federal de Santa Catarina.

Marilu Diez Lisboa
Psicóloga pela PUC-RS e especialista em Orientação Vocacional pelo Sedes Sapientiae. É fundadora e diretora do Instituto do Ser, Psicologia e Psicopedagogia. Exerce atividades profissionais em consultório particular e na área de Orientação Vocacional e Ocupacional em escolas particulares de São Paulo.

Silvia Beatriz Gelvan de Veinsten
Licenciada em psicologia pela Universidade de Buenos Aires, professora de Orientação Vocacional Ocupacional e técnicas de diagnóstico psicopedagógico na Universidade da Comahue e titular da cátedra de Problemas de Aprendizagem da Universidade de Belgrano, na Argentina.

Suzymara Trintinaglia
Psicóloga pela Universidade Federal de Santa Catarina, especialista em Psicoterapia Familiar. Exerce atividade clínica em consultório particular e é psicóloga responsável pelo curso Pré-Vestibular Mutirão, em Caxias do Sul, Rio Grande do Sul.

leia também

A AFETIVIDADE DO EDUCADOR
Max Marchand

Um livro que incentiva uma abertura ao crescimento pessoal do mestre e do aluno, ao equilíbrio entre suavidade e indulgência, disciplina e senso de humor. O educador manifesta seu afeto na renúncia a si mesmo e na adaptação à idade, psicologia e evolução de cada aluno. O livro nos toca pela sensibilidade, pelo humanismo, pela capacidade de dedicação à tarefa educativa que Max Marchand demonstra. Uma obra preciosa, válida em diferentes níveis culturais, sociais e econômicos.
REF. 10223   ISBN 85-323-0223-8

EDUCAÇÃO COMO PRÁXIS POLÍTICA
Francisco Gutiérrez

Trata-se de um livro lúcido no qual Francisco Gutiérrez comenta e analisa uma educação socialmente produtiva, combinando estudo e trabalho, teoria e prática, escola e vida, ensino e produção. Um compromisso político-educativo que só poderá ocorrer com mudanças de atitudes e maior envolvimento e dedicação de professores, estudantes e pais. O livro é prefaciado por Paulo Freire.
REF. 10337   ISBN 85-323-0337-4

A FILOSOFIA VAI À ESCOLA
Matthew Lipman

O ensino da filosofia nas escolas de 1º e 2º graus é aqui defendido como uma forma de oferecer às crianças e aos jovens a oportunidade de discutir conceitos universais e desenvolver um espírito crítico e investigativo. Publicação fundamental no contexto brasileiro, em que a inserção da filosofia nos currículos escolares ainda é uma questão controvertida.
REF. 10060   ISBN 85-323-0060-X

PIAGET, VYGOTSKY, WALLON
TEORIAS PSICOGENÉTICAS EM DISCUSSÃO
Yves de La Taille, Marta Kohl de Oliveira e Heloysa Dantas

Três professores da Universidade de São Paulo, analisam temas substantivos em psicologia à luz das teorias de Piaget, Vygotsky e Wallon. Entre eles, os fatores biológicos e sociais no desenvolvimento psicológico e a questão da afetividade e da cognição.
REF. 10412   ISBN 85-323-0412-5

www.gruposummus.com.br